JN418567

필연적 유신론과
성경의 유일신에 대하여

필연적 유신론과 성경의 유일신에 대하여

당신은 파스칼의 내기에서 승리하고 있는가?

권지웅 지음

좋은땅

목차

제3편 성경과 형이상학적 모순

부록

서론

이 글은 전부 필자의 생각이고 의견이며, 사실적으로 입증되어 있는 것이 아니고 독자를 설득하고자 하는 바도 아니다. 다만, 필자는 데카르트의 '나는 생각한다. 고로 존재한다.'라는 사상을 통해 모든 것을 의심하는 것으로부터 시작했다. 여기서 필자가 한 '의심'이란 곧 비워 내는 것을 의미한다. 자신이 위치한 존재성을 레이어 곧 하나의 계층으로 인식하고 그 계층을 '틀'이라 정했다. 그 틀은 지금의 나 자신을 존재하게끔 하는 모든 구조적 조건이며, 필자는 그 조건들을 비움으로써 비로소 본질이 보일 것으로 추정했다. 따라서, 필자가 독자에게 말하고 싶은 바는 이것이다. 이 글을 읽되 맹신하지 말며, 비판하되 처음부터 비판의 시각으로 바라보지 말며, 지금까지의 자신의 사상 또는 생각을 점검하되, 얕게가 아닌 깊이 있는 추론을 해 보라는 것이다.

필자는 파스칼의 내기에서 진정한 승리를 거두는 것이 인생의 가장 높은 가치라고 보았던 적이 있다. 그를 위해 신의 존재를 증명하고자 하였으며, 또 그를 위해 그보다 앞서 '신'이라는 개념에 대해 정의하고자 하였다. 따라서 이 글을 읽으면서 계속 이러한 질문을 자문해 보기 바란다. '신은 무엇인가?, 신이 존재하는 것과 나 자신이 무슨 관련이 있는가?, 나는 어떠한 진리에 도달하고 싶은가?'

필자는 어렸을 적부터 성경을 읽어 왔으며, 그것이 필자의 생각에 상당 부분 영향을 끼쳤다는 것을 인정한다. 따라서 제2편부터는 성경에 관해 다룰 것이다. (이 글에서 일부 발췌하여 참조하는 성경은 개역한글판임을 명시한다.) 다만, 필자는 독자의 종교적 배경 혹은 어릴 적 배경이 어떠하든지 간에 편협하거나 좁은 사고가 아닌 보다 넓고도 본질적인 시각으로 필자의 글을 읽었으면 하는 바람이다. 부디 모르는 것을 모름이라는 단순하고도 무의미한 바로 끝내지 말고 끊임없는 사고와 추론 그리고 상상을 통해 진리의 문에 다다르길 진심으로 기원한다. 이 글이 부디 그 시작점이 되기를.

제1편

필연적 유신론

제1장

신의 정의

독자는 '신'을 무엇이라고 정의하는가? 아마도 어떤 종교의 신을 떠올리거나 그저 추상적 존재임을 생각할 수도 있을 것이다. 하지만 필자는 신에 대해 정의하고 싶었다. 신이 존재함을 증명하고 싶었다. 따라서 서론에서도 언급했듯이 모든 것을 의심 즉 비움으로써 추론하였다.

필자는 모든 것을 비워 냈다. 필자를 기준으로 하고 그 구조성을 이루게 하는 것을 비워 냈다. 간단히 말하면 필자도 사람이기에 먹지 않고는 생존할 수 없다. 이러한 간단한 것 곧 먹고, 마시고, 잠자고, 숨 쉬는 것들부터 시작해서 우주의 기본적인 4가지 힘인 만유인력, 전자기력, 강한 핵력, 약한 핵력 등 이러한 모든 구조적 계층 즉, 틀을 깨부수면서 내려갔다. 모든 틀을 비워내었을 때 거기에는 아무것도 없었다. 따라서 자연스레 이러한 질문이 생긴다.

'모든 틀을 깨부순 상태를 '무'라고 지칭한다면, 틀은 어떻게 존재하는가?'

즉, '무'에서 어떻게 '유'가 나오는가?'

이 질문에 대한 대답을 찾으려면 무와 유가 무엇인지 알아야 했다. 필자는 이것을 알기 위해 유의 본질에 대해 사고하였다. 유의 본질을 정의 내리는 것은 생각보다 간단하였는데, 필자가 그것에 대해 정확히 인지하고 지식을 축적하고 있었다는 이야기가 아니라 보편적으로 그 본질에 대해 설명하는 학문이 이 세상에 있었다는 말이다. 짐작했겠지만 그 학문은 바로 '물리학'이다. 다만, 필자가 이 글에서 정의하고자 하는 물리학과 독자 혹은 일반적으로 사람들이 생각하는 물리학에는 다소 차이가 있다.

물리학은 만물의 이치를 탐구하는 학문이다. 그러나, 필자는 이 정의에서 더 나아가서 '존재하는 모든 것의 본질'을 물리학이라 정의했다. 그 이유는 인류가 발견하거나 정의한 이 세상의 모든 기본적인 것은 원자와 전자, 쿼크 등의 기본 입자와 빛, 암흑 에너지, 암흑 물질, 반물질 등으로 구성되어 있는 물리학의 범위 그 자체이다. 여기서 더 나아가 아직 인류가 발견하거나 정의하지 못한 존재의 본질적인 무엇인가가 있다면, 과학자들은 그것을 물리학이라 칭할 것이다. 따라서 필자는 다시 언급하자면 '존재하는 모든 것의 본질'을 물리학이라 칭했다. 그렇기에 시공간, 우주의 본질 등은 물리학에 포함되는 개념이다.

중요한 점으로 현존하는 독자가 생각할 수 있는 거의 모든 것은 이 '물리학'의 범위에 들어간다. 그 이유는 필자가 그것을 이 글과 필자의 사고에서만큼은 물리학으로 정의했기 때문이다.

그런데, 이 물리학에 속하지 않는 단 하나의 부류가 있다. 독자는 이것을 이렇게 반론할 수 있을 것이다.

'이 우주에서 현존하는 것들 중 아직 인류가 발견하거나 인지하거나 사고하지 못한 것들은 당연히 물리학에 포함되지 않는 것 아닌가?'

답을 말하자면, 아니다. 그 이유는 그러한 것들 모두를 포함한 개념을 필자는 물리학으로 정의했기 때문이다. 따라서 이 물리학에 속하지 않는 부류는 처음부터 물리학이 아닌 다시 말해 본질 그 자체가 존재하지 않는 것이다. 독자도 이것을 잘 알고 있다. 어쩌면 싫어하는 것일 수도 있고 학창 시절 골머리를 앓게 하던 것일 수도 있다.

짐작했겠지만 이것은 수학이다. 왜 수학인가? 하나의 예시를 들어 보겠다.

'유클리드 기하학에서 피타고라스의 정리는 항상 참이다.'

당연한 말을 필자는 왜 하는 것인가? 그 당연함에 답이 있다. 이 명제는 놀랍게도, 정말 놀랍게도 우주의 존재, 아직 이 글에서 정의하지도 않는 신의 존재, 그 무엇의 존재와도 무관계하며 항상 참이다. 즉, 완전하다. 그 이유는 간단한데, 수학은 존재하지 않기 때문이다. 수학은 존재하지 않으면서 완전하다.

존재하지 않으면서 완전하다고 한 필자의 말에 대해 설명을 더하자면, 필자가 정의한 물리학에서 존재하지 않는 것은 본질 그 자체가 없는 것이다. 아무것도 없는 빈 공간을 상상해 보자. '공간'이라는 개념 자체가 존재를 뜻하지만, 공간에 해당하는 개념을 제외하고 생각해 보면 아무것도 없는 그 공간에는 아무것도 없다. 양자 역학에서 진공 상태의 양자 요동, 쌍생성과 쌍소멸조차 상상 속에 있는 그 공간에서는 없다. 그렇다면, 그 공간에서 유일하게 참인 것은 무엇인가? 바로, 유클리드 기하학에서 피타고라스의 정리는 항상 참으로 성립한다. 즉, 수학적 규칙 혹은 법칙은 어떠한 존재와도 무관계하며 항상 참이다.

필자는 이러한 수학적 규칙 혹은 법칙을 이 글에서 간단히 '수학'으로 정의하여 표현하고자 한다. 이 '수학'은 필자가 정의한 물리학이 어떠하든 간에, 심지어 다른 물리학 구조를 지닌 다른 우주에서조차 항상 참이다. 수학은 존재하지 않으면서 완전하기(항상 참이기) 때문이다.

그런데, 이 내용이 신을 정의하는 것과 무슨 관련이 있는가? 하는 질문이 생길 수 있다. 필자는 앞서 말했듯이 무에서 유가 나올 수 없다고 보았다. 다시 말해 수학에서 물리학이 나올 수 없다는 것이다. 따라서 물리학과 수학이 동일하지 않다면, 본질적으로 그 결이 다르다면, 반드시 물리학을 만들었거나 그 근원이 되는 무언가가 있을 것이다. 혹은 그 근원이나 본질을 정의하고 명명할 수 있을 것이다. 필자는 이것을 '신'이라는 개념의 정의로 보았다. 결론적으로 필자가 이 글에서 말하고자 하는 **신의 정의는 물리학의 근원 혹은 본질을 의미한다.**

그렇기 때문에, 데카르트의 논증법인 '나는 생각한다, 고로 존재한다.'에 따라 자신의 존재를 부정하지 않는 한 독자 그리고 '**모든 인간은 필연적으로 유신론자이다.**' 이것이 필자가 말하고자 하는 필연적 유신론이다.

제2장

어떻게 신은 존재하는가?

제1장의 내용을 읽었거나, 신의 존재에 대해 회의적인 사람이라면 이러한 질문이 들기 마련이다.

'모든 것은 신이 창조하였거나, 신으로 말미암은 것이라면 신은 어떻게 존재하는가? 다시 말해 누가 신을 창조하였는가?'

이 질문은 누구나 한 번쯤 생각해 볼 만한 질문이다. 필자는 이 질문에 대한 답을 해결하기 위해 제1장에서 했었던 사고를 뒤집어 보았다.

제1장에서의 필자의 주장에 따르면 무에서 유가 나올 수 없다. 이러한 논리에 따라 필자는 수학에서 물리학이 나올 수 없으므로 물리학을 만든 이 혹은 물리학의 본질이나 근원 그 자체를 신으로 정의한 바 있다. 그런데, 여기서 이러한 질문이 생긴다.

'필자의 논리대로라면 무에서 유가 나올 수 없는데, 필자가 정의한 신은 수학이나 무가 아님에도 물리학의 근원 혹은 본질이므로 존재해야 한다. 그러면 어떻게 무 혹은 수학에서 신이 나올 수 있는가?'

필자는 이 난제를 해결하기 위해 '존재'와 '무'의 개념을 재정의하고자 하였다. 필자는 먼저 '무'를 살펴보았다. 사람들이 가장 흔히 생각해 볼 수 있는 무는 우주 바깥이다. 우주 바깥에는 물리 법칙도 시간도 공간도 없다. 따라서 그것은 존재한다고 할 수 없다. 우주 바깥이 '무'라면 어떻게 우주라는 '유'가 존재하는가? 여기서 필자는 '무'를 곧 '허'로 보았다. 사실 같은 의미이지만 필자 자신의 이해를 돕기 위해 재정의한 것이다. '허'의 반대는 '실'이다. 따라서 실, 즉 유를 알기 위해서는 다시 말해 신과 물리학, 우주를 알기 위해서는 '허'를 들여다보아야 했다.

제1장에서 흥미로운 예시를 들었었다. 바로 '유클리드 기하학에서 피타고라스의 정리는 항상 참이다.'라는 수학의 예시이다. 그리고 필자가 다시 언급하자면, 수학은 존재하지 않으면서 완전하다. 따라서 '허'를 설명할 수 있는 것은 필연적으로 수학이다. 그리고 이 수학에는 '허'와 의미가 거의 동일한 것이 있는데,

바로 공집합(∅)이다.

공집합의 성질 중 가장 흥미로운 것은 공집합의 여집합은 전체 집합이라는 것이다. 따라서 공집합은 전체 집합 그 자체를 품고 있다고 볼 수 있다. 공집합의 개념 곧 전체 집합에 포함되는 모든 요소가 존재하지 않는 상태란 존재할 수 있는 그 모든 요소의 개념적 정의가 내포되어 있어야 하기 때문이다. 이것을 우주에 연결시켜 보자. 우주 바깥은 공집합 곧 '허'이다. 그리고 그 허는 모든 실을 품고 있다. 따라서 허는 모든 실이 존재할 수 있는 모든 가능성이다. 허에는 존재할 수 있는 모든 '실'에 대한 개념의 정의가 내포되어 있어야 하기 때문이다. 그렇기에 우리 우주, 더 정확히 말하자면 필자가 정의한 물리학은 필연적으로 이 허의 가능성 중 하나이다.

정리하자면 물리학은 허의 가능성이며 그러므로 물리학의 내부에 있는 우리는 그것을 존재한다고 칭할 수 있다. 따라서 허와 실의 경계는 무의미하며 우리가 그 본질을 허로 보느냐, 실로 보느냐에 따라 뒤바뀐다. 다만, 필자는 여기서 존재의 개념을 허와 실의 개념에 비해 하위로 보았으며, 가능성의 내부에 있기에 우리는 그 가능성 즉 물리학과 그 안에 내포되어 있는 모든 것을 '존재한다'라고 부를 수 있는 것이다.

위의 논리로부터 신조차도 모든 실의 가능성을 품고 있는 허의 가능성 중 하나이며, 그것이 우리의 우주이자 우리의 물리학의 본질 혹은 근원이다.

결론적으로 제2장의 첫 부분에 있는 질문 '모든 것은 신이 창조하였거나, 신으로 말미암은 것이라면 신은 어떻게 존재하는가? 다시 말해 누가 신을 창조하였는가?'에 대해 필자는 이렇게 답변한다.

'신은 허의 가능성이기에 필연적으로 존재한다.'

허의 가능성이라는 말은 곧 신은 실이고 실을 허로 판단하지 않는 이상 필연적으로 존재한다는 논리이다.

제3장

가능성의 세계와 우주

한 가지 흥미로운 사실은 제2장에 따른 필자의 사고는 필연적으로 다중 우주론이 참이라는 결론이 나온다. 다만 우리 우주 외의 다른 우주에 대해서 필자의 논리대로라면 우리는 그것을 '존재한다'라고 말할 수 없다. 우리 우주와 다른 우주 사이에 '허'가 있으며 서로가 허의 가능성인 '실'이므로 하위 개념인 '존재'의 여부를 구분할 수 없다.

즉, 이렇게도 표현할 수 있다.

'우리 우주는 그 자체로 볼츠만 두뇌이다. 그렇기에 존재한다.'

독자를 위해 볼츠만 두뇌가 무엇인지 설명을 간단히 해 보겠다. 물이 담긴 비커에 잉크 한 방울을 떨어뜨렸다고 해 보자. 잉크는 비커의 물 전체로 퍼져 나갈 것이다. 이유는 잉크 분자와 물 분자가 활동하면서 부딪히고 퍼져 나가기 때문이다. 다른 말로 하면 엔트로피가 증가한다. 시간이 아주 많이 경과하면 잉크 분자와 물 분자는 비커 내에서 위치할 수 있는 모든 곳에 한 번씩은 위치할 것이다.

따라서 이렇게 생각해 볼 수 있다. '언젠가 시간이 경과한다면 잉크가 다시 한 방울로 모일 경우가 있지 않은가?'

잉크 분자와 물 분자가 위치할 수 있는 모든 곳에 위치한다면 이론적으로 언젠가 잉크 분자는 다시 한 방울로 모인다. 이것을 우주에 적용하면 우주의 모든 입자가 위치할 수 있는 모든 곳에 한 번씩 위치한다면 우연히 지적 사고가 가능한 두뇌를 만들어 낼 수 있다. 이 두뇌를 볼츠만 두뇌라고 한다. 인간의 입장에서 매우 영겁의 시간이 지날 경우이지만 필연적으로 이 볼츠만 두뇌는 생기게 된다.

여기서 시간의 개념을 제외하면 즉, 처음부터 위치할 수 있는 모든 곳에 위치한다는 특성을 가진다면 모든 것이 존재한다. 아니 모든 것이 '실'일 수 있다. 이 말은 곧 우주 바깥 즉, 필자가 정의한 개념인 '허'와도 일치한다. 모든 가능성을 품은 허는 우리 우주라는 볼츠만 두뇌를 이미 내재하고 있다는 것이다. 따라서 우리 우주, 물리학 더 나아가 신 역시 그 자체로 '허'에서 볼츠만 두뇌이다.

이것으로부터 얻을 수 있는 아주 흥미로운 사실은 양자 역학과 허가 개념적으로 유사하다는 것이다. 슈뢰딩거의 고양이를 생각해 보자. 그 고양이는 관찰하기 전까지 살아 있는지 죽어 있는지 알 수가 없다. 양자 역학에서 중요한 것은 관찰이다. 그렇기에 원자 내 전자의 위치 역시도 확률적으로 존재한다. 이것을 허에 적용시키면 그 자체로 논리가 맞물린다.

독자의 이해를 돕기 위해 새로운 표현을 써 보겠다.

'우리가 사고한 우리 머릿속의 어떤 세계는 이미 '허'에서 '실'이다.'

이것은 관찰 결과가 실제 현상을 보인다는 양자 역학과도 맞닿아 있다. 허는 모든 가능성의 총집합이므로 독자가 머릿속에 그려 본 세계는 이미 허가 품고 있는 세계이다. 따라서 앞서 언급한 것처럼 **'필연적으로 다중 우주는 참이다.'**

제1편 내용 정리

1. 무에서 유가 나올 수 없는 바와 같이 수학에서 물리학이 나올 수 없으며, 물리학의 본질 혹은 근원을 '신'으로 정의한다.
2. 공집합의 여집합은 전체 집합이므로 공집합은 전체 집합 내의 모든 요소를 품고 있는 것과 같이, 허는 모든 실을 품고 있으므로 물리학은 허가 품고 있는 실의 가능성 중 일부이며, 그렇기에 물리학의 본질 혹은 근원인 '신' 역시도 허의 가능성 중 일부이다. 따라서 필연적으로 '신'은 존재한다.
3. 허는 존재할 수 있는 모든 실을 품고 있으므로, 필연적으로 다중 우주는 참이며, 허의 가능성 중 하나인 우리 우주는 그 자체로 볼츠만 두뇌와도 같다. 또한, 우리의 상상 속 어떤 세계는 이미 허의 가능성에 있으므로 실 곧 반드시 존재한다고 할 수 있다.

제2편

성경의 유일신과 필연적 유신론

제1장

성경에서 유일신의 특징

독자는 성경을 읽어 보았는가? 어쩌면 읽어 보았을 수도, 읽어 보지 않았을 수도 있다. 성경을 전설이나 신화로 보거나 아니면 그저 교양서적으로 볼 수도 있다. 다만 이 글에서 필자가 논의하고자 함은 이러한 내용이 절대 아니다. 그 점을 우선하여 명시하고자 한다. 이 글에서 필자는 성경의 유일신을 객관적으로 바라보고자 노력할 것이며, 신에 대한 형이상학적 모순점을 논증할 것이다. 그 점을 부디 인지하고 글을 읽어 내려가길 바란다.

성경에서 유일신은 상당히 인간적인 면모를 보인다. 유일신의 대표적인 특징은 바로 사랑인데, 그 점은 성경에도 이렇게 기술되어 있다.

"사랑하지 아니하는 자는 하나님을 알지 못하나니 이는 하나님은

사랑이심이라" 요한1서 4:8

유일신의 주요 특징 중 하나는 사랑이다. 그런데, 그 신의 특징에는 사랑만 있는 것이 아니다. 공의와 자비, 지혜와 인내, 선과 친절, 전지전능이 있다. 이 특징들을 근거로 하는 성경의 구절들을 일일이 나열하기에는 끝이 없으므로 해당하는 구절의 위치만 적어 보겠다.

공의(잠언 29:26), 자비(출애굽기 34:6), 지혜(로마서 11:33), 선함(마가복음 10:18), 친절(시편 116:7), 전지전능은 후술하겠다.

또, 유일신은 인간과의 관계를 맺으며 인간의 행동 또는 생각에 따라 움직임이 바뀔 수 있다. 성경적 근거는 아래와 같다.

"그러나 너와는 내가 내 언약을 세우리니 너는 네 아들들과 네 아내와 네 자부들과 함께 그 방주로 들어가고" 창세기 6:18

"가라사대 네가 무엇을 하였느냐 네 아우의 핏소리가 땅에서부터 내게 호소하느니라 땅이 그 입을 벌려 네 손에서부터 네 아우의 피를 받았은즉 네가 땅에서 저주를 받으리니" 창세기 4:10, 11

성경에는 이러한 표현도 있다.

"하나님이 가라사대 우리의 형상을 따라 우리의 모양대로 우리가 사람을 만들고 그로 바다의 고기와 공중의 새와 육축과 온 땅과 땅에 기는 모든 것을 다스리게 하자 하시고 하나님이 자기 형상 곧 하나님의 형상대로 사람을 창조하시되 남자와 여자를 창조하시고" 창세기 1:26, 27

마지막으로 성경에서는 신이 후회하는 경우도 있다고 기술한다.

"내가 사울을 세워 왕 삼은 것을 후회하노니 그가 돌이켜서 나를 좇지 아니하며 내 명령을 이루지 아니하였음이니라 하신지라 사무엘이 근심하여 온 밤을 여호와께 부르짖으니라" 사무엘상 15:11

이렇듯 성경에서의 신은 인간과 유사한 감정을 지니며, 인간의 행동과 생각에 따라 움직임이 변화하고, 자신의 움직임에 대해 후회할 수도 있다. 이로 인한 모순점들을 제2장에서부터 하나씩 논증해 보겠다.

제2장

시간과 유일신

성경에서는 유일신이 모든 것의 창조주라고 분명히 밝힌다.

> "집마다 지은 이가 있으니 만물을 지으신 이는 하나님이시라" 히브리서 3:4

따라서, 제1편에서 필자가 정의한 물리학 역시 성경의 논리대로라면 유일신이 창조한 것이다. 물리학에는 시공간도 포함되므로 시공간 역시 유일신이 창조했고, 유일신은 시공간을 특히 시간을 초월했다고 할 수 있다.

그런데 위의 논리로부터 이러한 질문이 생긴다. 시간을 초월한 유일신이 인간의 행동에 따라 움직임이 변할 수 있는가? 어떻게 감정이라는 시간에 대해 하위적 위계의 특징을 가질 수 있는가? 어떻게 후회할 수 있는가?

이 질문들은 유일신이 시공간을 초월했다는 말과 모순적이다. 다시 말해 성경에서 유일신의 움직임은 시간에 대해 하위적인 데 반해 시간을 창조했다는 점, 즉 시간을 초월했다는 점이 모순이라는 말이다. 따라서, 유일신이 전지전능하며 모든 것을 알고 시간을 초월했다면 성경에서의 유일신의 행보는 논리적으로 들어맞지 않는다.

정리하자면 유일신은 시간을 창조하였으므로 시간보다 하위 위계일 수 없으나, 시간보다 하위 개념적인 움직임을 보인다는 것이 모순이다.

이 난제는 사실상 간단하게도 볼 수 있는데, 이상·이하·미만·초과 문제와 같다. 즉, 유일신은 시간에 대해 하위일 수도 상위일 수도 없으므로 **유일신은 시간과 필연적으로 동등한 위계를 가진다.**

그런데, 여기서 또 하나의 이러한 질문이 생긴다.

'시간과 유일신이 동등한 위계라면, 그 둘 사이의 관계성은 어떻게 되는가?'

이 질문에 대한 답이 만약 시간과 유일신이 분리된 존재라면 성경적 모순을 일으킨다. 시간과 유일신이 분리되어 있다면 유일신이 두 개의 존재로 나뉜 셈인데 성경에서는 그렇지 않다고 알려 주기 때문이다.

"이스라엘아 들으라 우리 하나님 여호와는 오직 하나인 여호와시니" 신명기 6:4

또한, '그렇다면 누가 시간을 창조하였는가?'라는 질문이 생기므로 앞서 발췌한 히브리서 3:4에서 만물의 창조주라는 성경의 내용과 모순된다. 따라서, 시간과 유일신은 분리된 존재일 수 없다.

즉, 시간은 필연적으로 유일신의 일부 혹은 속성 중 하나이다.

제3장

유일신의 전지전능성과 시간

필자의 글을 읽은 사람들은 이렇게 반론할 수 있을 것이다.

'유일신이 시간을 초월하지 않았다면, 어떻게 전지할 수 있는가?'

그러나 성경에서는 유일신이 전지전능하다고 기술되어 있다.

> "우리 마음이 혹 우리를 책망할 일이 있거든 하물며 우리 마음보다 크시고 모든 것을 아시는 하나님일까 보냐" 요한1서 3:20

> "슬프도소이다 주 여호와여 주께서 큰 능과 드신 팔로 천지를 지으셨사오니 주에게는 능치 못한 일이 없으시니이다" 예레미야 32:17

다만, '유일신이 전지하다면, 미래를 포함해 모든 것을 알아야

하지 않는가?'라는 질문은 성경적으로도 모순을 일으키는데, 그 중 하나가 바로 이어서 후술할 악의 기원 문제이다.

성경에서 유일신은 악할 수 없다고 기술되어 있다.

> "그러므로 너희 총명한 자들아 내 말을 들으라 하나님은 단정코 악을 행치 아니하시며 전능자는 단정코 불의를 행치 아니하시고" 욥기 34:10

그런데, 성경에서는 악한 존재가 있다고 밝힌다.

> "또 아는 것은 우리는 하나님께 속하고 온 세상은 악한 자 안에 처한 것이며" 요한1서 5:19

따라서, 유일신이 미래의 모든 정보를 인지한다면 악한 존재가 생기기 전부터 그 존재가 있을 것임을 이미 알고 있었다는 반증이고, 이것은 제2장에서 발췌했던 유일신은 모든 것의 창조주라는 히브리서 3:4의 논리에 따라 악한 존재를 유일신이 창조한 것이 된다. 즉, 유일신이 악의 원인이 된다. 이것은 유일신이 악할 수 없다는 욥기 34:10과 모순을 일으킨다. 이것이 악의 기원 문제이다.

따라서 위의 모순성으로부터 추론할 수 있는 점은 유일신이 모든 미래의 정보를 인지하고 있지 않다는 것이다. 다만, 이것은 유일신이 전지하지 않다는 의미와는 다른데, 방금 살펴본 유일신은 전지하다는 요한1서 3:20의 명제에서 '전지'에 해당하는 정의는 미래의 모든 정보를 인지한 상태가 아니라는 것이다.

제2장에서 필자는 시간은 유일신의 일부라고 논증했다. 그런데 만일, 유일신이 미래의 모든 것을 이미 알고 있다면, 그것은 시간을 초월했다고 볼 수 있다. 그 이유는 미래의 모든 것을 알고 있다면, 유일신은 자신의 의지대로 되도록 미래를 변경하고자 할 것이며 이것은 유일신의 미래에 대한 인지와 미래가 변경된다는 명제에 의해 서로 모순이 발생한다. 이 모순점을 해결하려면 유일신이 시간을 초월하거나 전지성 자체가 오직 현재 시점만을 의미해야 한다.

그러나 제2장의 논증에 따라 유일신은 시간을 초월한 존재가 아니므로 그 전지성은 현재 시점만을 의미한다고 볼 수 있다.

유일신은 현재 시점의 모든 정보를 알기에 전지하다.

사실 이 논리는 현재주의적으로도 의의가 있는데, 현재주의에서는 과거는 이미 사라져 버린 것으로 존재하지 않으며, 미래는 앞으로 생기는 것이므로 미래 역시 존재하지 않는다. 즉, 현재만이 존재한다는 것이다. 다만, 물리학과의 충돌 문제는 후술하겠다.

결론적으로 유일신은 현재 시점에서 존재하는 모든 것에 대한 정보를 가지고 있기에 전지하다.

그런데 여기서 다시 의문점이 두 가지 발생한다.

'성경에 따르면 유일신은 전능한데, 미래를 아는 능력이 없을 수 있는가?'

'유일신이 미래를 모른다면 어떻게 예언을 할 수 있는가?'

이 두 가지의 질문에 대한 답은 의외로 간단하다. 첫 번째 질문에 대한 답은 유일신이 전능하기에 미래를 아는(더 정확한 표현으로는 완벽히 계산하는) 능력이 있다고 해서 그것을 영구적인 미래까지 반드시 사용해야 하는 것은 아니다. 여기에는 유일신의 공의라는 특성이 영향을 미칠 수 있는데, 모든 미래를 계산 또는 알아내는 행위가 유일신의 공의에 있어 합당하지 않을 수 있기 때문이다.

두 번째 질문에 대한 답은 첫 번째 질문에 대한 답을 더 명확히 설명한다. 예시를 들어 보겠다.

어떤 사람이 내일 피자를 먹을 것을 다짐한다. 그에게 피자 가게까지 갈 수 있는 능력과 피자를 살 수 있는 돈이 있다면 그가 내일 피자를 사서 먹을 것임을 우리는 확신할 수 있다. 이때 그 사람이 오늘 자신이 내일 피자를 먹을 것이라고 말했다고 해서 그것이 예언이 되는가?

유일신도 이와 비슷한 선택을 할 가능성이 상당한데, 유일신은 전능하므로 무엇이든지 할 수 있기 때문이다. 즉, 미래에 자신이 무언가를 할 것이라고 선언했다고 해서 그것이 미래를 확인하거나 계산한 것이 아니라, 유일신이 그렇게 움직일 능력이 있고 의지가 있다면 확정적으로 그것이 일어난다는 말이다.

성경에서는 유일신이 변하지 않는다고 명시되어 있다.

"나 여호와는 변역지 아니하나니 그러므로 야곱의 자손들아 너희가 소멸되지 아니하느니라" 말라기 3:6

즉, 유일신은 자신이 하기로 한 일에 대해 변심하지 않으며, 그것을 할 능력이 충분히 있기에 굳이 미래를 보거나 계산하지 않더라도 그것은 확정적으로 일어나는 일종의 '예언'이 된다.

이를 뒷받침하는 증거로 성경에서는 유일신이 거짓말할 수 없다고 밝힌다.

"영생의 소망을 인함이라 이 영생은 거짓이 없으신 하나님이 영원한 때 전부터 약속하신 것인데" 디도서 1:2

제4장

유일신의 고정성

제3장에서 유일신이 변하지 않는다고 즉, 변심하지 않는다고 성경에 기술되어 있음을 확인했다. 그런데, 이 점은 제1장의 내용과 모순적인 것처럼 보인다. 인간의 행동이나 생각에 따라 유일신의 움직임은 변하고, 유일신이 후회할 수 있다는 점에서 그렇게 보일 수 있기 때문이다.

그러므로 여기서 변하지 않는다는 의미, '변역지 아니하나니'라는 의미는 단순히 신의 움직임이 인간의 행동에 따라 변화하지 않는다는 것을 의미하는 바가 아니다.

그러면, 유일신이 변하지 않는다는 말은 무슨 의미인가? 성경을 읽는 많은 사람들은 그 의미를 단순히 유일신의 공의에 대한 표준이 변하지 않는다고 설명한다. 하지만 그것만으로는 설명이 부족하다. 해당 성경 구절에서 '공의'만 변하지 않는다는 말이 없기 때문이다.

흥미롭게도 성경에서 유일신의 또 다른 특징은 바로 완전함이다.

"그는 반석이시니 그 공덕이 완전하고 그 모든 길이 공평하며 진실무망하신 하나님이시니 공의로우시고 정직하시도다" 신명기 32:4

이 완전함과 변하지 않는다는 말이 부합한 상태는 무엇인가?

이 질문을 해소하기 위해 필자에게 영감을 준 것은 매우 단순하게도 초등학생 시절에 풀었던 수학 문제집이었다. 대표적인 문제는 이러하다.

"어떤 상자가 있다. 이 상자에 사과 1개를 넣으면 사과 2개가 나오고 사과 4개를 넣으면 8개가 나온다. 만약 이 상자에 사과 3개를 넣으면 몇 개의 사과가 나올까?"

답은 6개의 사과이지만 이 문제에서 살펴볼 바는 바로 이 상자이다. 놀랍게도 이 상자는 변하지 않으며 완전하다. 상자, 즉 함수는 위의 조건에 부합한다.

그렇다면 유일신은 함수란 말인가? 함수는 수학이다. 만약 유일신이 함수라면, 제1편에서 정의한 '신'의 개념과 부합하지 않는다.

그런데 흥미롭게도, 함수는 수학에만 있는 것이 아니다. 게임 프로그래밍에도 함수는 사용된다. 프로그래밍 함수 역시 완전하면서도 코드를 수정하지 않는 이상 변하지 않는다는 성질을 지닌다.

필자가 논하고자 하는 함수는 바로 프로그래밍과 유사한 함수이다. 필자는 성경에서의 유일신을 일종의 함수로 추론하였다. 신의 모든 행동과 특성(사랑, 공의, 능력, 자비, 선함) 등은 함수로 정의되어 있으며, 이것은 완전하다.

여기서 유일신의 감정과 후회 등은 비연속적이라는 의미가 아니다. 함수라는 구조에 따라 입력값(인간의 행동과 사고 등)에 의해 함수 구조가 작동되며 그 출력값으로 감정이나 후회 등의 상태를 가진다는 의미이다. 따라서 유일신의 감정과 움직임은 그 함수 구조 속 내재되어 있는 출력값이라고도 할 수 있다.

그렇다면, 변하지 않는다는 말은 더 명확히 무슨 의미인가?

여기서 변하지 않는다는 명확한 의미는 바로 함수 그 자체가 고정적이라는 것이다. 따라서 필자는 그 점에 대해 이렇게 정의했다. **유일신은 물리학의 범위 내에서 존재할 수 있는 모든 변수에 대한 결괏값이 정의되어 있는 함수이다.**

그렇기에 입력값(인간의 행동 또는 사고 등)에 따라 출력값(유일신의 움직임)이 변화하는 것은 가능하다.

또한, 함수 그 자체가 변화하더라도 변화 자체는 일종의 규칙성을 띠는 불변성을 가진다. 즉, 변화의 규칙성 자체가 불변성을 가진다. 더 나아가 유일신은 물리학에서의 모든 변수에 대한 결괏값을 지니므로 그 자체로 완전하며 고정적이다. 이는 제2장의 내용인 시간과 유일신의 동등 위계와 부합하는 내용이며, 앞서 살펴본 불변성, 다시 말해 고정성에 대한 모순도 설명된다.

따라서 성경의 유일신은 완전한 함수(또는 코드)로서 정의되어 있다.

이 논리는 제3장에서 필자가 언급한 악의 기원 문제에 대해 더 명확한 답변을 주는데, 유일신이 악을 창조한 것이 아니라, 처음부터 악이라는 변수에 대한 출력값의 구조를 가진 함수였으며, 그 함수의 출력에 따라 악이 발생한 시점부터 현시대까지 유일신이 허용한 기간 동안 일시적으로 악이 존재할 수 있다는 것이다. 이는 미래에 모든 악이 제거될 것이라는 성경의 내용이 근거가 된다.

"잠시 후에 악인이 없어지리니 네가 그곳을 자세히 살필지라도 없으리로다" 시편 37:10

제5장

유일신과 상대론적 시간

제3장에서 필자는 '유일신은 현재 시점의 모든 정보를 알기에 전지하다.'라고 기술했다. 그런데 여기서 '현재 시점'이란 무엇인가? 이 개념을 정의해야 하는 이유는 현대 물리학의 정수로 꼽히는 상대성 이론에 있다.

상대성 이론에 따르면 시간은 절대적이지 않다. 어느 한 지점에 고정되어 있는 것이 아니라 관측자의 속도나 중력 위치에 따라 서로 다른 시간 흐름이 존재한다는 것이다. 이는 곧 유일신이 현재 시점에서 모든 정보를 인지한다는 명제와 모순된다.

유일신이 시간을 초월했다면 위 난제가 발생하지 않으나, 앞서 필자가 논증한 대로 유일신은 시간과 동등한 위계를 지니므로 상대성 이론에 따른 시간의 비고정성 다시 말해 시간의 상대성에 대한 유일신의 위계가 난해해진다.

이러한 질문이 생길 수 있다.

'시간이 상대적이라면, 유일신이 정보를 얻는 '현재 시점'이란 무엇인가?'

이 질문에 답하기 위해 필자는 한 가지 예시를 들어 추론해 보았다. 제4장에서 필자는 유일신은 곧 함수라고 정의했다. 여기서 함수란 수학적 의미의 함수가 아닌 프로그래밍에서의 함수와 유사한 개념이다. 이제 이 프로그래밍의 예시를 더 확장시켜 보자.

어떤 사람이 게임을 프로그래밍 한다고 해 보자. 이 게임은 현 시대에 인기가 높은 여느 게임처럼 지역(또는 에이리어)별로 시간대의 설정값이 다르고, 유저는 여러 지역을 오갈 수 있다고 하자. 여기서 프로그래머는 게임 내에 지역별로 시간대는 다르게 설정하더라도 그 게임의 메인 서버 내에서의 시각은 고정되어 표준 시각 역할을 하도록 설계할 것이다.

이 예시를 우주와 유일신에 대입해 보자. 상대성 이론에 따라 우주에서의 시간은 고정되어 있지 않고 공간적 위치에 따라 다를 수 있다. 이는 마치 게임에서 지역(에이리어)별로 시간대를 다르게 설정한 것과 비슷하다. 그럼에도 불구하고 게임에서의 메인 서버 시각 즉, 표준 시각이 있었던 것처럼 우주라는 프로그램의 메인 서버 시각 다시 말해 표준 시각을 추론해 볼 수 있다. 필자는 그 메인 서버 시각을 **'유일신의 체내 시계'**라고 정의했다.

즉, '유일신은 현재 시점에서 모든 정보를 알기에 전지하다.'에서 현재 시점의 기준은 유일신의 체내 시계이자, 우주라는 프로그램의 메인 서버의 표준 시각이다.

필자의 이러한 논리에 따라 시간은 2가지의 위계로 나뉘는데, 인간이 우주에서 인지할 수 있는 일반적인 상대론적 시간(하위), 그리고 유일신의 체내 시계에 따른 고정(절대)적 시간(상위)이다

따라서 이 우주의 미래, 아니 더 정확히 말하자면 이 물리학의 미래는 전지전능한 유일신이 인지한 정보만으로 결정되어 있는 것이 아니다.

인간적 관점에서의 시간 대비 우주를 육면체의 형태로 사고해 보면 다시 말해 벡터 함수로 사고해 보면 평면 축에 해당하는 우주는 높이 축에 해당하는 시간에 대해 완성되어 있는 직육면체가 아니라, 평면 자체가 요동하고 있는 물결 형태로 추론이 가능하며, 그 물결 형태의 무수히 많은 특정 지점과 신의 체내 시계 즉, 우주의 메인 서버 표준 시각이 '현재 시점'이라는 형태로 연결되어 있다. 이는 유일신의 의도에 따라 조정될 수 있다.

그렇기 때문에 성경에서는 이렇게 기술된 구절이 있다.

> "저가 별의 수효를 계수하시고 저희를 다 이름대로 부르시는도다"
>
> 시편 147:4

모든 별의 개수를 세는 유일신은 전지전능하기에 유일신의 체내 시계에 따라 현재 시점의 모든 물리학에 대한 정보를 인지하고 있다. 이는 정보의 전달 속도가 광속을 초월한다는 개념과는 차이가 있는데, 우주의 팽창 속도가 광속을 초월하는 것처럼 유일신의 정보의 완전성은 '정보의 이동'적인 개념이 아닐 수 있다는 논리이다. 이는 마치 물리학이라는 컴퓨터의 유일신인 CPU라고 볼 수 있을 것이다.

제6장

라플라스의 악마와 불확정성 원리 그리고 결정론

독자는 라플라스의 악마에 대해 들어 보았는가? 이 악마는 성경에 기록되어 있는 존재가 아니다. 라플라스의 악마는 물리학자인 피에르시몽 라플라스가 제시한 가상의 존재로 우주에 존재하는 모든 입자의 위치와 운동량을 정확히 알고 있으면, 모든 과거와 현재 그리고 미래에 대한 정보를 알 수 있다는 것을 전제로 만들어 낸 것이다.

그의 논리에 따르면, 이 라플라스의 악마는 우주의 모든 과거, 현재, 미래에 대한 정보를 알고 있는 마치 확정적 혹은 결정론적인 존재가 된다. 이는 필자가 앞서 언급한 시간을 초월한 존재와 유사한 개념이다. 따라서, 이 악마가 존재할 경우 자신이 계산한 미래에 의해 자신의 움직임이 제한되는 모순을 일으킨다.

그러나, 현대의 과학자들은 라플라스의 악마가 존재할 수 없다고 추측하는데, 그 이유는 불확정성 원리에 있다. 불확정성 원리에 대해 간단히 말하면, 어떤 입자의 위치와 운동량을 둘 다 정확히 알 수 없다는 것이다. 따라서, 우주에 존재하는 모든 입자의 위치와 운동량을 정확히 알고 있을 수 있다는 전제가 무너진다. 즉, 결정론이 성립하지 않는다.

그러면, 제3장에서 필자가 주장한 '유일신은 현재 시점의 모든 정보를 알기에 전지하다'라는 말과 모순되는 것처럼 보인다. 그러나 여기에는 두 가지 반론점이 있다.

첫 번째 반론점으로는 불확정성 원리가 '관측' 혹은 '측정'에 기인한다는 것이다. 입자의 위치를 정확히 관측하려고 하면 운동량에 대한 정밀도가 매우 떨어져 관측이 어려워진다는 것이 불확정성 원리인데, 여기서의 관측은 물리적 상호 작용이 필수적으로 포함된 인간의 시점에서 관측을 의미하기 때문이다. 따라서 이렇게 재반문할 수 있을 것이다. '유일신의 관측 방식과 인간의 관측 방식이 동일하겠는가?'

두 번째 반론점이 더 핵심인데, 이것은 제5장에서 필자가 주장한 메인 서버 시각에 기인한다. 이 메인 서버 시각, 즉 유일신의 체내 시계에서 유일신이 관측하는 다시 말해 정보를 인지하는 방식은 완전히 다를 것이다. 제5장에서 게임 프로그래밍의 예시를 들었으니, 그 예시를 한 번 더 사용하겠다.

게임 내에서 유저나 캐릭터의 정보 인지 혹은 관측 방식은 게임 서버의 데이터(정보) 확보 방식과 전혀 다르다. 이것은 프로그래밍에 있어서 당연한 것인데, 이를 불확정성 원리와 필자의 메인 서버 시각에 대입하면 흥미로운 설명이 가능하다.

하위 시간 즉, 상대론적 시간에서 인간의 관측은 불확정성 원리에 따라 입자의 위치와 운동량을 동시에 정확히 측정하는 것이 불가능하지만, 상위 시간(메인 서버 시각이자 유일신의 체내 시계)에서는 유일신의 관측, 다시 말해 정보의 인지에서 위치와 운동량을 동시에 정확히 측정할 수 있고 이것은 '유일신은 현재 시점의 모든 정보를 알기에 전지하다'고 주장한 필자의 논리와 맞물린다.

또한, 제5장에서 이것을 유일신의 정보의 완전성은 '정보의 이동'적인 개념 즉, 인간의 관측과는 다르다고 한 필자의 언급과 부합한다.

따라서, 이렇게 말할 수 있을 것이다.

'물리학이라는 컴퓨터 내에 작동하는 프로그램(게임 등) 속 유저나 캐릭터는 정보의 인지에 있어 유일신 곧 CPU가 메인 서버에서 데이터(정보)를 처리(인지)하는 방식과 다르다.'

게다가 유일신은 전지전능하므로 위 명제에 따라 **유일신의 관점에서 물리학은 필연적으로 결정론이다.**

제7장

결정론과 미래 계산 그리고 예언

이전 장에서 필자는 '유일신의 관점에서 물리학은 필연적으로 결정론이다.'라고 주장했다. 그런데, 제5장에서 필자는 '물리학의 미래는 전지전능한 유일신이 인지한 정보만으로 결정되어 있는 것이 아니다.'라고 언급한 바 있다. 이는 서로 모순되는 것처럼 보이는데, 사실 이 둘의 의미는 다르다. 후자의 의미를 먼저 살펴보자.

물리학에서 미래는 유일신이 인지한 정보만으로 결정되어 있는 것이 아니다. 이 말이 성립할 수 있는 근거는 '계산'의 여부에 있다. 독자의 이해를 돕기 위해 예시를 들어 보겠다.

여기 '3 + 4 ='이라는 식이 있다고 가정해 보자. 초등 수학을 조금이라도 배운 사람이라면 이 값이 7이라는 것을 아주 쉽게 연산할 수 있을 것이다. 여기서 우리는 '3 + 4'를 계산하고자 하는 의지 없이도 '7'이라는 숫자를 쉽게 떠올린다. 이는 인간이 자신의 의지를 완전히 제어할 수 없다는 데에 기인한다고 볼 수 있다. 반대로 컴퓨터를 생각해 보자. 컴퓨터는 '3 + 4'라는 연산을 실행해야만 '7'이라는 값을 보여 준다. 즉, 컴퓨터는 설계된 프로그램에 따라 자기 자신에 대한 제어 능력이 온전하기에 의도적으로 연산을 해야 '7'이라는 출력값을 보인다는 것이다.

이 예시에서 유일신은 인간이 아닌 컴퓨터와 비슷한 양상을 보일 수밖에 없다. 유일신은 불변성을 가지고 완전하기에 다시 말해 완전한 함수로 정의되어 있기에 자기 자신에 대해 온전한 제어 능력을 지니기 때문이다.

따라서, 유일신은 미래에 대해 자신이 의도적으로 계산하고자 혹은 측정하고자 하지 않는다면 미래의 어떤 것에 대해 모르는 상태가 가능하다. 이는 유일신이 전지하다는 말과 모순되지 않는데, 유일신은 현재 시점의 모든 정보를 알기에 전지하기 때문이다. 더 자세히 설명하면, 현재 시점의 모든 정보는 알지만 미래에 대한 정보는 유일신 자신이 의도적으로 계산하지 않고는 모를 수 있다는 것이다. (여기서 '현재'와 '미래'라는 개념의 기준은 제5장에서 언급한 메인 서버 시각 즉, 유일신의 체내 시계이다.)

위와 같이 말할 수 있는 이유는 유일신이 의도적으로 미래를 계산하지 않고는 그 미래에 대한 정보가 우주 아니 물리학에서 존재하지 않는다. 즉, 유일신은 존재하지 않는 정보를 모르는 상태를 가질 수 있다. 이는 유일신의 특성인 전지함과 모순되지 않는다.

결론적으로 유일신은 미래에 대해 의도적으로 계산하고자 하지 않는 이상 미래에 대한 정보를 모르는 상태를 가질 수 있기에 물리학의 미래는 유일신이 인지한 정보만으로 결정되어 있지 않다. 동시에, 유일신은 미래에 대해 의도적으로 계산하고자 한다면 미래에 대한 정보는 필연적으로 결정적 혹은 확정적이므로 유일신의 관점에서 물리학은 필연적으로 결정론이다.

그렇다면 성경에 기술되어 있는 모든 예언은 유일신이 의도적으로 미래를 계산한 결괏값인가? 이 질문에 대한 답은 '그렇지 않다'이다. 이유는 간단한데, 이번에도 예시를 들어 설명하겠다.

여기 다른 우주, 다른 물리학에서 미래에 대해 완벽하게 계산할 수 있는 존재 K가 있다고 하자. 그 물리학에서 시간 순서에 따라 서로 연관성 있는 세 사건이 A → B → C로 일어났다. 이때 K는 A가 일어난 시점에서 C가 일어날 것을 완벽하게 계산해 냈다. 이 경우 K는 B가 일어날 것을 모를 수 있는가?

이 예시에서 B와 C가 서로 연관성이 있는 사건이라면 K가 B를 모를 수 있다는 견해는 이치적이지 못하다. 즉, K는 C를 계산해 내면서 B를 인지할 수 있었을 것이다.

필자가 이러한 예시를 든 이유는 제3장에서 다룬 악의 기원 문제이다. 앞서 살펴본 것처럼 유일신은 악할 수 없다. 그런데, 유일신은 미래를 계산하고자 할 때 자신에 대한 온전한 제어 능력을 지니므로 물리학의 메인 서버 시각에 따라 특정 시점을 정하고 미래를 계산할 것이다. 메인 서버 시각으로 현재 시점에서 미래를 계산한 특정 시점 중간에 유일신 자신의 움직임이 원인이 되어 일어나는 악행을 발견했다고 하자. (이때 악행은 자유의지를 지닌 유일신의 피조물 중 하나의 움직임이다. 그렇기에 악행 자체는 유일신의 책임이 아니다.) 이 악행에 대해 자신의 움직임을 변경하지 않고 방관한다면 유일신은 악할 수 없다는 성경의 구절과 모순된다. 또한, 움직임을 변경한다면 유일신의 예언 자체가 거짓말이 되어 버린다. 이는 유일신은 거짓말할 수 없다는 앞서 살펴본 성경의 내용과 모순된다.

결론적으로 필자가 제3장에서 언급한 피자를 사 먹으려고 하는 사람과 같이 유일신은 상당수의 예언에서 미래를 계산하는 것이 아니라 선언한다. 다시 말해, 전능성을 띠고 자신이 취할 움직임을 피조물에게 예고 혹은 선언한다는 것이다. 그것이 성경에 기술된 예언들 중 일부일 가능성이 높다.

이번 장의 내용을 정리하자면, 유일신은 의도적으로 미래를 계산하려고 할 때에만 미래에 대한 정보를 인지할 수 있으며, 그 계산 능력이 완전하다는 점에서 물리학에서의 미래는 필연적으로 결정론이다. 또한, 유일신은 악할 수 없으므로 성경에 기록된 상당수의 예언에서 자신이 취할 움직임을 예고 혹은 선언하였을 것이다.

제8장

악의 존재와 예언

제4장에서 필자는 악이 발생한 시점부터 현시대까지 유일신이 허용한 기간 동안 일시적으로 악이 존재할 수 있다고 한 바 있다. 그렇다면, 여기서 질문이 생긴다. '유일신은 왜 악의 존재를 일시적으로 허용하였는가?', '악의 기원이 되는 존재는 처음부터 악한 존재였는가'

악의 기원이 되는 악한 존재는 처음부터 악한 존재일 수 없다. 그 이유는 악한 존재 역시 유일신이 창조한 피조물이므로 그가 처음부터 악한 존재였다면, 유일신은 악할 수 없다는 성경과 모순된다. 따라서 그는 처음부터 악한 존재가 아니었으나 유일신의 창조 이후로 자신의 선택에 의해 악한 존재가 된 것이다.

"너희는 너희 아비 마귀에게서 났으니 너희 아비의 욕심을 너희도 행하고자 하느니라 저는 처음부터 살인한 자요 진리가 그 속에 없으므로 진리에 서지 못하고 거짓을 말할 때마다 제 것으로 말하나니 이는 저가 거짓말장이요 거짓의 아비가 되었음이니라" 요한복음 8:44

이 내용의 끝부분에 '되었음이니라'라는 표현은 악한 존재 곧 마귀가 처음부터 거짓의 아비가 아니라는 것을 반증한다. 그런데, 중간 부분에 '처음부터 살인한 자'라는 표현은 무슨 의미인가?

여기서 '처음부터 살인한 자'라는 표현에서 처음은 마귀의 창조 시작부터라는 의미가 절대 아닌데, 그 시점에는 인간이 존재하기 이전이므로 '살인한 자'일 수 없기 때문이다. 성경의 근거는 다음과 같다.

"하루는 하나님의 아들들이 와서 여호와 앞에 섰고 사단도 그들 가운데 왔는지라" 욥기 1:6

"하나님이 자기 형상 곧 하나님의 형상대로 사람을 창조하시되 남자와 여자를 창조하시고 하나님이 그들에게 복을 주시며 그들에게 이르시되 생육하고 번성하여 땅에 충만하라, 땅을 정복하라, 바다의 고기와 공중의 새와 땅에 움직이는 모든 생물을 다스리라 하시니라 하나님이 가라사대 내가 온 지면의 씨 맺는 모든 채소와 씨 가진 열매 맺는 모든 나무를 너희에게 주노니 너희 식물이 되리라 또 땅의 모든 짐승과 공중의 모든 새와 생명이 있어 땅에 기는 모든 것에게는 내가 모든 푸른 풀을 식물로 주노라 하시니 그대로 되니라 하나님이 그 지으신 모든 것을 보시니 보시기에 심히 좋았더라 저녁이 되며 아침이 되니 이는 여섯째 날이니라 천지와 만물이 다 이루니라 하나님의 지으시던 일이 일곱째 날이 이를 때에 마치니 그 지으시던 일이 다하므로 일곱째 날에 안식하시니라" 창세기 1:27~2:2

욥기 1:6에서 유일신 앞에 유일신의 아들들이 섰다고 되어 있는데, 여기서 유일신의 아들들은 사람이 아니라 영적 피조물 곧 천사들이다. 따라서 마귀 곧 사단(사탄) 역시도 영적 피조물임을 알 수 있으며, 발췌한 창세기 앞부분에서 유일신이 사람을 창조하고 안식 곧 쉬기 시작하였으므로 마귀 곧 사단(사탄)은 인간 창조 이전에 창조된 피조물이다.

따라서, **악한 존재인 마귀 곧 사단(사탄)은 창조의 시작부터 악한 존재가 아니었으며, 자신이 스스로 선택하여 악한 존재가 되었을 것이다.**

그렇다면, 유일신은 왜 이 악한 존재를 일시적으로 허용하였는가?

여기서 추론해 볼 수 있는 점이 있다. 유일신이 이 세계에 악이 영향을 끼치지 못하도록 막으려면 두 가지 방법이 있었는데, 악의 존재 자체를 제거하는 방법과 악이 활동 혹은 상호 작용하지 못하도록 완전히 분리시키는(가두는) 것이다. 그러나 유일신은 그렇게 하지 않았다. 따라서, 악한 존재를 일시적으로 허용한 것은 곧 그 악한 존재가 활동 혹은 상호 작용하도록 허용한 것이고, 이는 프로그램으로 따지면 일종의 바이러스가 일정 권한을 가지고 프로그램 내부를 헤집어 놓도록 일시적으로 허용한 것과 같다.

그러면, 악한 존재가 활동 혹은 상호 작용하도록 허용된 권한은 무엇인가?

성경에 따른 대답은 다음과 같다.

"마귀가 또 예수를 이끌고 올라가서 순식간에 천하 만국을 보이며 가로되 이 모든 권세와 그 영광을 내가 네게 주리라 이것은 내게 넘겨준 것이므로 나의 원하는 자에게 주노라 그러므로 네가 만일 내게 절하면 다 네 것이 되리라 예수께서 대답하여 가라사대 기록하기를 주 너의 하나님께 경배하고 다만 그를 섬기라 하였느니라" 누가복음 4:5~8

"큰 용이 내어 쫓기니 옛 뱀 곧 마귀라고도 하고 사단이라고도 하는 온 천하를 꾀는 자라 땅으로 내어 쫓기니 그의 사자들도 저와 함께 내어 쫓기니라" 요한계시록 12:9

"또 아는 것은 우리는 하나님께 속하고 온 세상은 악한 자 안에 처한 것이며" 요한1서 5:19

발췌된 세 부분에서 공통적인 내용이 있다. 바로 악한 자 곧 마귀이자 사단(사탄)이 온 세상(아마도 지구상의 인류 문명)을 통치할 권리를 일시적으로 가지고 있었던 것이다.

발췌한 누가복음에서 만약 마귀가 모든 권세와 영광을 가지고 있지 않았다면, 예수는 마귀의 제안에 대답할 때 그 말이 거짓임을 반론하였을 것이다. 혹은 유일신의 맏아들인 예수가 마귀가 가진 권한을 모르고 있을 수 없으므로 저 제안 자체가 무

의미하였을 것이고 그랬더라면 마귀는 예수에게 저런 제안을 하지 않았을 것이다.

즉, **마귀는 세상의 통치권을 가지고 있었으며, 이것은 유일신에 의해 일시적으로 허용된 권한이라는 것이다.**

다만, 여기서 유일신이 악한 자 곧 마귀의 창조 시작부터 그러한 권한을 부여하지 않았음이 틀림없는데, 유일신 자기 자신도 아니고 자신의 맏아들도 아니며 어쩌면 영적 피조물 중 가장 높은 위격도 아닌 그에게 세상의 통치권을 주었을 가능성은 만무하기 때문이다.

그러면 왜 유일신은 악한 자가 된 영적 피조물의 창조 이후에 혹은 악한 자가 된 이후에 세상의 통치권을 그에게 주었는가?

그 이유는 유일신과 마귀 사이에 이루어진 일종의 '계약'에 있다. 그 계약의 조건에 따라 마귀의 세상에 대한 통치권이 '일시적'인 성격을 띠는 것이다. 그 점을 뒷받침하는 근거는 다음과 같다.

"그러므로 하늘과 그 가운데 거하는 자들은 즐거워하라 그러나 땅과 바다는 화 있을찐저 이는 마귀가 자기의 때가 얼마 못된 줄을 알므로 크게 분내어 너희에게 내려 갔음이라 하더라" 요한계시록 12:12

여기서 마귀가 자기의 때가 얼마 못된 줄을 안다고 하였다. 즉, 그의 통치권에 대해 종료 기한이 정해져 있다는 것이다.

그런데 왜 이것을 유일신과 마귀 사이의 계약이라고 할 수 있으며, 유일신은 절대적 선한 존재임에도 어떻게 악한 존재와 계약을 맺을 수 있는가?

사실 성경에는 유일신과 마귀가 일종의 계약과 같은 형태로 조건부적인 대화를 나누었던 내용이 있다.

"여호와께서 사단에게 이르시되 네가 내 종 욥을 유의하여 보았느냐 그와 같이 순전하고 정직하여 하나님을 경외하며 악에서 떠난 자가 세상에 없느니라 사단이 여호와께 대답하여 가로되 욥이 어찌 까닭 없이 하나님을 경외하리이까 주께서 그와 그 집과 그 모든 소유물을 산울로 두르심이 아니니이까 주께서 그 손으로 하는 바를 복되게 하사 그 소유물로 땅에 널리게 하셨음이니이다 이제 주의 손을 펴서 그의 모든 소유물을 치소서 그리하시면 정녕 대면하여 주를 욕하리이다 여호와께서 사단에게 이르시되 내가 그의 소유물을 다 네 손에 붙이노라 오직 그의 몸에는 네 손을 대지 말지니라 사단이 곧 여호와 앞에서 물러가니라" 욥기 1:8~12

이 발췌된 내용에서는 유일신이 욥의 충실함을 칭찬하자 마귀가 욥이 물질적 이득을 얻기 때문에 유일신에게 충실하다고 주장하였고, 그에 대한 대답으로 유일신이 마귀가 욥의 재물 혹은 재산을 공격할 수 있도록 일시적으로 허용한 것이다. 더 정확히 표현하면 욥의 재산에 대한 유일신의 방어막(일종의 보호권)을 일시적으로 제거한 것이다. 그렇게 말할 수 있는 이유는 마귀 곧 사단(사탄)은 그 당시에 이미 세상에 대한 통치권을 가지고 있었기 때문이다. 따라서 유일신은 마귀의 공격으로부터 자신의 충실한 신자를 보호하기 위해서 능력을 사용하여야만 했다.

이러한 유일신과 마귀 곧 사단(사탄)의 대화는 일종의 계약과도 같은 형태를 띤다. 따라서, **마귀에게 세상에 대한 통치권이 일시적으로 허용된(부여된) 때에도 '계약'과도 같은 형태를 띠**

었다고 할 수 있다. 이는 앞서 발췌한 욥기의 내용처럼 마귀 곧 사단(사탄)이 제기한 거짓된 내용(예를 들면, 방금 전의 내용에서는: '이제 주의 손을 펴서 그의 모든 소유물을 치소서 그리하시면 정녕 대면하여 주를 욕하리이다')에 대한 것이 거짓임을 증명하려는 것과도 같다. 만일 제기된 그 의문점이 해소되지 않은 채 유일신이 악한 존재를 소멸하였더라면 그 악한 존재의 주장이 거짓이라는 점이 다른 피조물들 앞에서 증명되지 않기 때문이다.

그런데 필자는 이번 장에서 왜 악한 존재에 대해 살펴보았는가? 바로 이전 장에서 언급한 예언에 대한 아래와 같은 의문점을 해소하기 위한 것이다.

'성경에는 악한 일들이 일어날 것이라는 예언도 있는데, 모든 예언이 만약 선언이고, 유일신의 능력에 따른 것이라면 그 악한 일들의 원인이 유일신이 되지 않는가?'

이 질문을 살펴보기 위해 우선 알아야 할 것은 단지 성경이라는 책 한 권만을 지닌 인간이 유일신이 한 예언에서 정확히 그 예언이 선언인지 아니면 완벽한 미래 계산인지 알 수 없다는 것이다.

다만, 이전 장에서 예언에 대해 확인한 내용과 악한 일들이 일어날 것임을 예언한 내용으로 미루어 볼 때에 성경의 내용 중 악한 일들이 일어날 것임을 기술한 예언은 단지 유일신의 선언만은 아니라는 것이다.

악한 일들이 일어날 것임이 예언된 내용에서 유일신은 완벽한 미래 계산을 할 수도 있다. 성경에는 다음과 같은 예언이 있다.

> "여호와께서 아브람에게 이르시되 너는 정녕히 알라 네 자손이 이 방에서 객이 되어 그들을 섬기겠고 그들은 사백년 동안 네 자손을 괴롭게 하리니" 창세기 15:13

이 발췌된 성경의 예언은 실제로 이스라엘 민족이 이집트에서 400년간 노예 생활을 하면서 성취되었다. 그런데, 이 예언이 일어나도록 유일신이 능력을 사용했더라면 악한 일의 원인이 유일신 자신에게 있으므로, 이 예언에서 유일신은 단순히 미래 계산을 하였거나 어쩌면 다른 선택을 하였을 가능성도 있다.

필자는 이번 장에서 이 '다른 선택'을 추론하고자 악한 존재 곧 사단(사탄)에 대한 내용을 앞서 살펴보았다.

관련성 있을 법한 가지 사례는 성경에서 가장 중요한 예언으로 다음과 같다.

"내가 너로 여자와 원수가 되게 하고 너의 후손도 여자의 후손과 원수가 되게 하리니 여자의 후손은 네 머리를 상하게 할 것이요 너는 그의 발꿈치를 상하게 할 것이니라 하시고" 창세기 3:15

이 예언은 유일신이 뱀 곧 사단(사탄)과 인간을 두고 한 예언이다. 그런데, 여기서 하나 의문점이 생긴다. 만약 유일신이 미래를 완벽히 계산하여 그것을 예언으로 인간에게 알려 주었을 경우 사단(사탄) 역시도 그 내용을 필히 인지하였을 것이다. 여기서 사단(사탄)은 그 예언이 성취되도록 협조할 리가 만무하고 오히려 예언이 성취되지 못하도록 방해하였을 것이다.

따라서, 유일신의 예언 중 사단(사탄)이 특정한 악한 행동을 할 것이라는 예언은 유일신이 직접 강제로 사단(사탄)에게 행동하도록 하지 않는 한 사단(사탄)은 그 예언대로 따르지 않을 것이다. 이것은 예언의 성격이 선언이든, 완벽한 미래 계산이든 그러하다.

일례로, 사단(사탄)은 메시아의 탄생에 대한 예언이 성취되지 못하도록 인간을 사용해서 방해했을 수 있다.

> "이에 헤롯이 박사들에게 속은 줄을 알고 심히 노하여 사람을 보내어 베들레헴과 그 모든 지경 안에 있는 사내아이를 박사들에게 자세히 알아본 그때를 표준하여 두 살부터 그 아래로 다 죽이니" 마태복음 2:16

마태복음 2장의 전체적인 내용을 보면, 헤롯이 메시아 곧 당시의 아기 예수를 죽이고자 하였고, 정황상 사단(사탄)이 개입하였을 가능성이 높다.

이러한 내용을 미루어 추론하였을 때 사단(사탄)은 유일신의 예언을 따르지 않고자 노력할 것이며 이는 예언의 성취와 일부 모순될 수 있다. 특히 사단(사탄)의 행동 그 자체를 기술한 창세기 3:15과 같은 예언들은 그의 악한 행동을 유일신이 강제적으로 일으킨다는 해석이 될 수도 있다.

이 모순점을 해결하는 간단한 추론은 앞서 살펴보았던 유일신과 사단(사탄) 사이의 계약에 있다. 사단(사탄)의 행동을 포함하여 기술된 유일신의 예언은 다음과 같이 추론해 볼 수 있다.

욥기 1장의 내용처럼 아마도 유일신은 사단(사탄)과의 대화에서 자신의 계획에 따른 행동 중 일부를 그에게 미리 알려 주었을 것이고, 이에 따라 사단(사탄) 역시 유일신에게 자신의 행동을 알려 주었을 것이다. 다만, 사단(사탄)의 말은 거짓일 수 있으므로 일종의 계약을 진행한 것인데, 문제는 사단(사탄)이 그 계약 역시 어길 수 있다는 것이다.

여기서 필자는 일종의 강제 이행 장치를 추론하였다. 유일신이 영적 피조물을 설계할 때에 유일신과의 계약에 따라 자신의 의사와 무관하게 강제 이행하도록 하는 장치(메커니즘)를 반영한 것이다. 다만, 영적 피조물 역시 자유 의지가 있으므로 계약에 따른 강제 이행 장치가 실행되는 데에 있어 실행 계약 이전에 반드시 해당 피조물 스스로의 동의가 있어야만 실행되도록 설계되었을 것이다.

따라서, 사단(사탄) 역시 영적 피조물이므로 일종의 강제 이행 장치가 있었을 것이며, 유일신의 예언에서 사단(사탄)의 행동이 기술되어 있다면, 유일신과 사단(사탄)이 강제 이행 장치를 토대로 계약을 진행한 것이라고 할 수 있다. 이는 사단(사탄) 역시 동의한 결과를 바탕으로 유일신이 인간에게 예언으로서 알려 준 것이다. 그렇기에 사단(사탄) 자신의 자유 의지를 침해하지 않는다.

결론적으로 성경에 기술된 악한 일들에 대한 예언은 유일신의 선언에 따른 능력 사용이 아니라, 사단(사탄)과의 강제 이행 장치를 토대로 하는 계약이거나 완벽한 미래 계산일 가능성이 있다. 다만, 인간은 그것을 구분할 수 없다.

성경에 기술된 예언에 대해 종합적으로 정리하자면 다음과 같다.

모든 예언에서 유일신은 전능성을 바탕으로 선언(예고)하거나 완벽하게 미래를 계산한다. 다만, 악한 일들의 발생이 기술된 예언에 한해서 유일신은 완벽하게 미래를 계산하거나, 강제 이행 장치를 토대로 하는 사단(사탄)과의 계약을 진행하였을 가능성이 높다.

독자의 이해를 돕기 위해 마지막으로 예시를 하나 더 들어 보겠다.

존재 A, B, C가 있다고 하자. 이때, 라플라스의 악마와 동일한 능력을 가진 A가 그 능력을 사용하지 않고 B, C와 대화를 진행하였다.

A: 내가 사건 Z를 일으킬 경우 B는 어떠한 사건을 일으킬 가능성이 있다. 다만, 내가 일으킬 예정인 사건 Z와 B가 일으킬 사건에 대해 C에게 정보를 미리 전달할 경우 B는 나를 적대하므로 B는 자신이 일으킬 사건을 변경할 가능성이 있다.

A → B: 나는 사건 Z를 일으킬 것이다. 너는 반드시 진실만을 말할 것을 약속하고 내 행위의 인지에 따른 너의 예정된 행위를 말하라. 단, 네가 내 앞에서 사전에 진실만을 말할 것을 약속하는 것에 동의하고 말하는 것은 너의 메커니즘에 따라 반드시 그 진실을 네가 직접 이루도록 설계되어 있다.

B → A: 반드시 진실만을 말할 것을 약속하며 그것에 동의한다. 나는 사건 Z가 발생할 경우 사건 Y를 일으킬 것이다.

A → C: 사건 Z와 사건 Y가 일어날 것이다. 나는 절대 거짓말하지 않는다.

이때, B가 자유의지가 있다고 가정하고 그가 일으킨 사건 Y가 절대적으로 악한 일이며, A는 사건 Z를 제외하고 사건 Y가 발생하는 것과 전혀 무관하다면 A는 B의 악행에 대해 전혀 책임이 없다.

제2편 내용 정리

1. 성경에서의 유일신은 인간과 유사한 감정과 후회 등의 상태를 지닐 수 있고 이는 마치 시간에 대해 하위적인 움직임으로 보일 수 있다.
2. 그러나, 유일신은 모든 것을 창조하였기에 시간에 대해 하위일 수 없고, 물리학에서 홀로 최상의 위계를 지녀야 하므로 유일신과 시간은 동등한 위계를 지니되, 시간은 유일신의 일부 혹은 속성이다.
3. 성경에서 유일신은 악할 수 없으므로 악을 창조할 수 없기에 모든 미래에 대한 정보를 알지 않으나, 현재 시점에서의 모든 정보를 인지하기에 전지하다. 다만, 유일신은 전능하므로 미래를 온전히 계산할 수는 있다.
4. 성경에서 유일신은 변하지 않고 완전하기에 함수와도 같으며, 이는 물리학의 범위 내에서 존재할 수 있는 모든 변수에 대한 대응값을 지닌다는 점에서 함수적 구조를 지닌다. 또한 유일신이 변화한다 해도 그 변화 자체가 함수 구조에 대한 결괏값이거나 변화 자체가 불변적인 규칙성을 띤다.

5. 현대 물리학에서 시간은 상대적이므로 현재 시점에서 모든 정보를 인식한다는 유일신의 전지성에서 현재 시점은 유일신의 체내 시계로서 물리학이라는 컴퓨터의 메인 서버 시각이며, 이는 상대론적 시간을 지닌 우주에 대한 상위 시간이자 표준 시각이다.
6. 불확정성 원리에서 유일신과 피조물은 정보를 확보하는 방식이 다르기에 유일신은 불확정성 원리의 성립과 무관하게 메인 서버 시각에서 물질의 완전한 정보를 가지며 이는 유일신의 관점에서 물리학은 결정론임을 의미한다.
7. 유일신은 자신의 의도성에 대해 온전한 제어 능력을 지니므로 자신의 의도에 따라 미래의 정보를 확보(계산)할 수도 그렇지 아니할 수도 있으며, 이에 따라 유일신의 관점에서 물리학은 결정론이되, 유일신이 확보한 정보만으로 모든 미래가 결정되어 있는 것은 아니다. 또한, 유일신은 거짓말할 수 없고 전지전능하므로 자신의 계획을 미래 계산이 아닌 선언할 수 있으며 그 선언은 미래에 대한 정보 없이도 유일신의 전능성에 따라 확정적으로 일어난다. 이것이 성경에 기술된 예언들 중 일부일 가능성이 있다.
8. 성경에 기술된 모든 예언에서 유일신은 전능성을 바탕으로 선언하거나 완벽하게 미래를 계산한다. 다만, 악한 일들의 발

생이 기술된 예언에 한해서 유일신은 완벽하게 미래를 계산하거나, 강제 이행 장치를 토대로 하는 사탄과의 계약을 진행하였을 가능성이 높다.

제3편

성경과 형이상학적 모순

제1장

결정론과 자유 의지

제2편 제6장에서 필자는 유일신의 관점에서 물리학은 필연적으로 결정론이라고 언급한 바 있다. 이러한 필자의 주장에 따르면, 우리의 미래는 결정되어 있으며, 확정적으로 정해져 있다. 따라서, '자유 의지가 없다.'고 주장할 수도 있다. 그리고 이 주장이 사실이라면, 악의 기원 문제에서 자유 의지가 없는 악한 존재는 필연적으로 창조 그 순간부터 악할 것이 예정되어 있으므로 해당 피조물에 대한 악의 책임이 창조주 곧 유일신에게 있다는 논리로 귀결된다. 즉, 자유 의지가 없다는 것은 유일신은 악할 수 없다는 성경과 모순된다.

이 난제에 대해 필자는 '자유 의지'의 정의에 대해 사고해 보았다. 자유 의지란 간단히 말해 어떤 존재가 자신의 의사에 따라 움직임을 취하고자 하는 것을 의미한다. 이는 필연적으로 시간에 대해 하위 위계를 가진다.

필자는 위의 명제로부터 두 가지 방식으로 이 난제를 해결하고자 하였다. 첫째로, '유일신의 관점에서 물리학은 필연적으로 결정론이다.'라는 필자의 주장에서 결정론이란 시간에 대해 최소 동등한 위계를 지니는 개념이다. 그 이유는 필자가 제2편 제5장에서 언급한 육면체 형태의 시간 대비 우주의 벡터 구조에 있다. 여기서 우주 대한 물리학이라는 평면을 생각해 보자. 결정론이란 시간 축에 대해 완성되어 있는 우주라는 육면체 그 자체를 가리킨다. 따라서, 결정론은 시간에 대해 다시 말해 인간적 관점에서의 하위 시간에 대해 최소 동등한 위계를 지닌다. 즉, 결정론은 자유 의지보다 상위의 개념이다.

그렇기 때문에, 피조물은 자신의 의사에 따라 움직임을 취하는 자유 의지를 갖는다. 더 자세히 설명하면, 결정론이 자유 의지보다 상위의 개념이므로 피조물은 자유 의지를 가질 수 있고 이는 결정론과 충돌하지 않는다는 말이다. 즉, 피조물의 움직임 자체가 결정되어 있다고 하더라도, 그 결정화된 미래는 피조물 자신의 자유 의지에 의한 선택이다. 피조물은 시간에 대해 하위, 인간적 관점에서의 시간에 대해 하위 위계를 가지기 때문이다.

또한, 이로부터 추론할 수 있는 흥미로운 사실은 '악'의 위계에 있다. 선과 악에 대한 개념은 유일신이 피조물의 특정 계층에게 명명한 기준일 수 있다. 이는 유일신 본인에 대한 선과 악의 기준 즉, 유일신 본인에 대한 공의의 표준과 피조물에게 규명한 선과 악의 개념이 다르다는 논리이다. 예를 들면, 암컷 사마귀는 짝짓기 후 수컷 사마귀를 잡아먹는다. 독자는 이를 악한 행동이라고 규탄할 수 있는가? 그렇지 아니할 것이다. 인간의 선과 악의 기준이 사마귀와는 다르기 때문이다. 이렇듯 필자가 주장하는 바는 선과 악의 기준이 각 계층별로 피조물한테 맞추어져 있다는 것이다. 다만, 유일신과 피조물의 관계에서 선과 악의 기준은 유일신과 피조물의 1 대 1의 관계 속에 성립하기에 위계가 다른 존재 즉, 유일신과 인간의 관계에서 유일신은 징계 등의 유일신 본인에 대한 공의의 표준 다시 말해, 보다 상위의 공의에 따른 움직임이 아닌 이상 인간에게 규명한 선과 악의 기준을 본인 역시 준수한다. 그렇기에 성경에서는 유일신을 절대적 선으로서 언급한다.

"예수께서 이르시되 네가 어찌하여 나를 선하다 일컫느냐 하나님 한분 외에는 선한 이가 없느니라" 마가복음 10:18

따라서, 인간을 포함한 피조물의 기준에서 악은 시간에 대해 그리고 결정론에 대해 필연적으로 하위 위계이므로 자유 의지에 따라 악을 행한 피조물은 그 악행에 대해 자유 의지에 따라 행동한 자신에게 책임이 있다.

흥미롭게도 성경에서는 인간 역시 짐승을 대할 때의 공의를 규정한 바 있는데, 바로 수간의 금지이다.

> "남자가 짐승과 교합하면 반드시 죽이고 너희는 그 짐승도 죽일 것이며 여자가 짐승에게 가까이 하여 교합하거든 너는 여자와 짐승을 죽이되 이들을 반드시 죽일찌니 그 피가 자기에게로 돌아가리라" 레위기 20:15~16

인간 역시도 본능이라는 유일신이 짐승에게 하사한 표준에 따라 짐승을 대할 때에 그 표준을 준수하라는 것이다. 다만, 이것은 성경에 따라 인간에 대한 선과 악의 표준이 더 상위이므로 (창세기 1:26) 동물에게 생명을 위협받을 때에 자기방어를 하지 말라는 주장은 절대 아니다.

둘째로, 결정론이지만 자유 의지가 존재할 수 있는 이유는 결정론이 유일신의 관점에 따른 물리학의 형태이기 때문이다. 즉,

유일신이 미래를 계산하지 않고는 결정론이라고 한들 결정되어 있는 미래의 정보는 물리학에 존재하지 않는다. 그렇기 때문에, 물리학에 대해 하위 위계인 자유 의지는 필연적으로 존재한다. 더 자세히 설명하자면, 유일신도 인지하고 있을지 모르는 미래의 정보에 대해 피조물은 완벽하게 인지할 수 없는 것이 당연하며, 이는 미래가 결정되어 있다고 하더라도 피조물이 자유 의지에 따라 취한 움직임에 대해 피조물 그 자체는 그것이 결정된 것인지 자신의 의사에 따른 선택인지 인지할 수 없다는 것이다. 따라서, 필연적으로 자유 의지는 존재한다.

이번 장의 필자의 논증을 정리하면 다음과 같다.

'자유 의지는 결정론에 대해 필연적으로 하위 위계이므로 결정론과 충돌하지 않으며, 미래에 대한 정보를 피조물은 완벽하게 인지할 수 없으므로 피조물은 결정되어 있는 미래와 자유 의지에 따른 선택을 구분할 수 없기에 자유 의지는 존재한다.'

제2장

영혼

개역한글판 성경에는 '영혼'이라는 단어가 많이 기재되어 있다. 다만, 필자는 이 단어와 비슷하게 보이지만 다른 단어인 '영'이라는 단어와 '영혼'은 의미가 명확히 구분됨을 우선 명시하며(성경 히브리어와 그리스어 원문에 영혼과 영으로 번역된 단어들이 각각 다르다.), 이번 장에서 다룰 내용은 '영혼'뿐임을 미리 밝힌다.

독자는 영혼에 대해 어떻게 생각하는가? 영혼이란 실제로 존재한다고 생각하는가? 일반적으로 사람들이 생각하는 영혼이라는 단어의 정의는 인간의 본질 또는 생명체의 본질 중 가장 중요한 것으로서 죽은 뒤 자신의 일부가 살아남는 것으로 보며, 영혼은 죽지 않는다고 즉, 소멸되지 않는다고 생각한다. 영혼(靈魂)의 한자어 그 자체의 뜻 역시 그러하다.

그런데, 흥미롭게도 성경에서는 영혼이 죽을 수 있다고 밝힌다.

"모든 영혼이 다 내게 속한지라 아비의 영혼이 내게 속함 같이 아들의 영혼도 내게 속하였나니 범죄하는 그 영혼이 죽으리라" 에스겔 18:4

이는 일반적으로 사람들이 생각하는 영혼의 의미와 다른데, 영혼이 죽을 수 있다면, 죽은 뒤에 시체에서 출고된 영혼이 다시 죽을 수 있다는 해괴한 논리가 성립하기 때문이다. 따라서, 성경에서 영혼이라는 단어는 한자어 그 자체의 의미가 아니라고 볼 수 있다. 또한, 영혼의 의미를 이해하기 위해서는 성경의 히브리어와 그리스어 원문에서 한국어인 영혼으로 번역된 단어를 이해해야 한다.

성경에 영혼이라는 단어로 번역된 히브리어와 그리스어는 각각 네페쉬와 프쉬케인데, 이 원어의 의미는 호흡, 생명력, 존재감, 정체성에 가깝다. 즉, 영혼이라는 한자어와 상당한 의미적 차이가 있다.

또한, 성경에서는 사람이 죽은 뒤에 어떻게 되는지에 관해 이렇게 설명한다.

> "네가 얼굴에 땀이 흘러야 식물을 먹고 필경은 흙으로 돌아 가리니 그 속에서 네가 취함을 입었음이라 너는 흙이니 흙으로 돌아갈 것이니라 하시니라" 창세기 3:19

따라서, 이러한 반문점이 생긴다.

'죽은 뒤에 영혼이 남아 있다면, 왜 성경에서는 흙으로 돌아간다고 표현하는가?'

그리고 성경에서는 죽은 자가 어떠한 상태인지 묘사한 글도 있다.

> "무릇 산 자는 죽을 줄을 알되 죽은 자는 아무 것도 모르며 다시는 상도 받지 못하는 것은 그 이름이 잊어버린바 됨이라" 전도서 9:5

> "이 말씀을 하신 후에 또 가라사대 우리 친구 나사로가 잠들었도다 그러나 내가 깨우러 가노라 제자들이 가로되 주여 잠들었으면 낫겠나이다 하더라 예수는 그의 죽음을 가리켜 말씀하신 것이나 저희는 잠들어 쉬는 것을 가리켜 말씀하심인줄 생각하는지

라 이에 예수께서 밝히 이르시되 나사로가 죽었느니라" 요한복음 11:11~14

위의 내용에서 성경은 죽은 자가 영혼이라는 상태로 존재하는 것이 아니라 예수의 말처럼 마치 잠에 비해지듯 아무것도 모른다고 기술한다. 즉, 성경에 영혼이라고 번역되어 있는 단어는 실제로 사람의 본질로서 죽었을 때의 유체 이탈을 의미하는 바가 아니다.

그리고 현대 물리학과 의학적으로도 영혼이 존재함은 증명된 바가 없다. 한 가지 예시를 들어 보자. 어떤 사람이 큰 사고로 인해 뇌사(뇌의 100% 사망) 상태에 빠졌다고 하자. 병원에서 호흡기 등의 각종 의료 기기의 힘을 빌린다고 하더라도 그는 길어 봐야 약 2주~1개월 동안만 살아 있을 것이다. 그렇다면, 그 기간 동안 그의 영혼은 어디에 있는가? 유체 이탈인가?

영혼이 인간의 본질이라면, 인간의 사고 혹은 자아와 밀접한 관련이 있을 것이다. 그런데, 인간의 자아는 대부분 뇌에서 물질적인 뉴런과 시냅스 그리고 신경전달물질에 의해 이루어진다. 해당 물질들이 없으면, 자아도 존재할 수 없다. 여기서 영혼은 어디에 있는가?

더 나아가 물리학에서 인간은 모두 분자와 원자 다시 말해 전자와 쿼크로 이루어져 있다. 즉, 구조적 분자 화합물 덩어리인 셈이다. 원자 단위로 보면 인간은 무생명체와 구분할 수 없다. 원자가 없으면 인간도 없다. 결론적으로 원자는 인간이 아니지만, 인간은 원자이다. 여기서 영혼은 무엇이며 어디에 있는가? 원자의 어느 부분을 '영혼'이라고 정의할 수 있는가?

이러한 모순점으로부터 추론해 볼 때 성경에 기재되어 있는 '영혼'이라는 단어의 의미는 영혼에 해당하는 한자어이자 일반적으로 사람들이 생각하는 영혼의 의미와 전혀 다르다는 것을 알 수 있다.

인간이 죽었을 때 잠들어 있는 것에 묘사했고, 아무것도 알지 못하며, 영혼으로 번역된 히브리어 그리스어 원어의 의미를 파악해 볼 때 영혼은 존재 그 자체나 생명을 의미하는 것으로 보는 것이 이치적일 것이다. 적어도 '영혼'에 해당하는 한자어의 뜻풀이나 죽은 뒤에 인간의 일부가 살아남는다는 일반적인 의미에서 영혼은 아님을 알 수 있다.

그런데, 필자는 이번 장에서 왜 영혼의 정의를 논하였는가?

여기에는 두 가지 이유가 있는데, 첫째는 성경에서의 영혼이라는 단어에 대한 모순점을 없애고자 함이고, 둘째는 다음 장에서의 논증을 위해서이다.

제3장

테세우스의 배 논증

독자는 '테세우스의 배'에 대해 들어 보았는가? 테세우스의 배를 쉽게 설명하자면 다음과 같다.

'어떤 목재로 건설한 '배1'이 있다 하자. 이 '배1'을 보존하기 위해 시간이 지날수록 썩은 목재를 새로운 목재로 교체하였다. 여기서 '배1'의 목재 중 하나를 교체했다고 해서 그 배가 '배1'이 아닌 것은 아니다. 두 개의 목재를 교체했다고 해도 그러할 것이다. 그렇다면, 시간이 오래 지나 모든 목재를 교체했다고 하였을 때 그 배는 '배1'이라고 할 수 있는가?'

이 예시에 대해 다음의 질문이 추가로 더 생길 수 있다.

"'배1'의 모든 목재를 교체한 배를 '배2'라 하고 '배1'의 원래 있던 목재를 다시 축조하여 '배1'과 형태가 완전히 똑같은 '배3'을

만들었다고 하자. 이때 '배2'와 '배3' 중 어느 것이 '배1'인가?'

답변하기 매우 난해한 질문이지만, 이 논제는 단순히 사물인 배 이외에 사람에 대해서도 적용할 수 있는데, 과거의 자신과 현재의 자신에 대한 동일성의 문제가 대표적인 예시이다.

인간을 이루고 있는 거의 모든 세포는 일정 주기로 변화한다. 즉, 필자와 독자를 포함하여 모든 인간은 일정 기간 전 과거의 자신과 현재의 자신을 이루고 있는 거의 모든 세포가 다르다. 이때 과거의 자신과 현재의 자신이 동일하다고 할 수 있는 근거는 무엇인가?

이 논제에 대해 물리학적으로 들어가면 더 어려워진다. 모든 인간은 원자로 이루어져 있다. 그런데 시간의 흐름에 따라 인체를 구성하고 있는 원자와 분자는 지속적으로 교체된다. 설령 동일한 원자가 여전히 인체 내부에 존재하더라도, 그 원자가 구조를 이루고 있는 인체 조직의 위치가(이를테면, 팔 → 다리) 바뀔 수 있다. 이 역시도 인체 조직을 이루고 있는 원자의 구조가 바뀌기 전의 자신과 그 이후의 자신에 대해 동일성의 문제가 생긴다.

이 질문을 쉽게 바꾸면 이러하다.

‘제3장의 첫 글자를 읽은 시점의 독자와 지금의 독자가 100% 동일한가?’

제2장에서 필자는 영혼에 대해 정의한 바 있는데, 이는 이 질문 즉, 테세우스의 배에 대한 답이 ‘영혼이 동일하기에 동일하다.’라는 주장의 반박을 위해서이다. 제2장에서 필자가 정의한 바에 따라 영혼의 존재는 테세우스의 배에 대한 답이 될 수 없다.

그렇다면, 어째서 필자는 테세우스의 배에 대해 논하고자 하는 것인가?

테세우스의 배와 유사한 질문과 그 대답이 성경에 나오기 때문이다. 해당 구절을 발췌하면 아래와 같다.

“열두 제자 중에 하나인 디두모라 하는 도마는 예수 오셨을 때에 함께 있지 아니한지라 다른 제자들이 그에게 이르되 우리가 주를 보았노라 하니 도마가 가로되 내가 그 손의 못자국을 보며 내 손가락을 그 못자국에 넣으며 내 손을 그 옆구리에 넣어 보지 않고는 믿지 아니하겠노라 하니라 여드레를 지나서 제자들이 다시 집안에 있을 때에 도마도 함께 있고 문들이 닫혔는데 예수께서 오사 가운데 서서 가라사대 너희에게 평강이 있을찌어다 하시고 도마에게 이르시되 네 손가락을 이리 내밀어 내 손을 보고 네 손을 내밀어 내 옆구리에 넣어보라 그리하고 믿음 없는 자가 되지 말고 믿는 자가 되라 도마가 대답하여 가로되 나의 주시며 나의 하나님이시니이다" 요한복음 20:24~28

성경 내에서 가장 유명한 내용 중 하나는 예수의 죽음과 부활인데, 여기서 예수의 제자인 도마가 부활한 예수가 죽기 전의 예수와 동일한지 묻는다. 그리고 성경에서는 예수가 직접 죽기 전의 자신과 부활된 이후의 자신이 동일하다고 대답한다.

만약 테세우스의 배에 따라 죽기 전의 예수와 부활된 이후의 예수가 동일하지 않다면, 이는 성경과 모순을 일으킨다. 따라서 필자는 테세우스의 배에 대해 추론해 보았다.

한 가지, 이 난제에 대답하기 매우 어려운 점은 부활된 이후의 예수가 죽기 전의 예수처럼 사람이 맞는지에 있다. 아마도 사람이 아닐 것인데, 이 점에 대해서는 부록에서 후술하겠다.

또한, 성경에 따르면 예수는 유일신의 맏아들로서 최초의 창조물이다.

"그는 보이지 아니하시는 하나님의 형상이요 모든 창조물보다 먼저 나신 자니" 골로새서 1:15

따라서, 예수는 시간 순서에 따라 비인간 → 인간 → 비인간의 형태를 지녔다. 그러면 여기서 비인간 시절의 예수와 인간일 때의 예수 그리고 다시 부활된 이후의 비인간인 예수가 동일하다고 할 수 있는 이유는 무엇인가?

여기서 동일 인물인지 묻는 행위는 곧 인간의 정체성이란 무엇인가 하는 질문과 연결된다. 아마도 인간의 정체성은 자아에 있을 것으로 여겨지는데, 그 이유는 자아에 대한 개념적인 측면에 있다. 자아 즉 자기 자신에 대한 인지 혹은 의사 및 의지는 언어로 설명하기 어려운 부분이자 개념 자체가 모호하다. 다만, 제2장에서 필자가 언급한 바와 같이 인간은 분자 화합물 덩어리이며, 시간에 따라 원자와 원자, 분자와 분자 간의 화학적 상호작용이 '인간'의 존재를 존속시킨다. 따라서 이렇게도 설명할 수 있다.

'인간의 정체성 즉, 자아는 연속성과 변화성에 있다.'

다만, 이 대답은 테세우스의 배에 대한 명확한 답이 되지 않는데, 바로 인간의 어느 부분이 본질인지에 대한 답을 할 수 없기 때문이다. 그렇기 때문에 필자는 이 난제를 해결하고자 유일하게 본질에 대해 정의한 필자의 논리를 끌어들였다.

제2편 제4장에서 필자는 유일신의 본질이 함수라는 논리를 펼친 바 있다. 또한, 제1장에서 필자는 자유 의지가 결정론에 대해 하위 위계라고 한 바 있는데, 같은 원리로 유일신을 제외한 모든 피조물은 결정론에 대해 하위 위계를 지닌다. 따라서, 유일신의 정보 확보와 물리학의 메인 서버 시각 곧 유일신의 체내 시계에 따라 현재 시점의 모든 피조물은 물리학적으로 완전히 계산되어 있다. 거기에 유일신의 체내 시계 기준으로 시간이 경과함에 따라 물리학 범위 내에서 피조물은 상호 작용하면서 변화한다. 이는 전능한 유일신이 미래를 계산하기로 의도하든 의도하지 아니하든 결정되어 있다. 결론적으로 모든 피조물은 유일신의 체내 시계와 정보 확보를 기준으로 가변적인 성질을 띠며 이는 유일신의 체내 시계에 따라 현재 시점에서 완전히 계산되어 있다. 이 가변성 중 하나를 자유 의지라 칭할 수 있을 것이다.

피조물의 가변성을 더 자세히 설명하자면, 일종의 피조물이라고도 할 수 있는 물리학이라는 거대한 범위 내에 모든 피조물 간의 상호 작용으로 인해 생기는 유일신의 체내 시계 시점에서의 시간에 흐름에 따른 구조적인 변화이다. 이 가변성은 유일신에 의해 현재 시점에서 온전히 계산되어 있으므로 확정적 변화이자 일종의 '정보의 갱신'이다.

본론으로 돌아와서 필자는 인간의 본질을 아니 모든 피조물의 본질을 유일신의 기준에서 가변적인 상태로 보았다. 이는 각각의 피조물에 대한 물리학적 모든 정보의 집합인 형태로 유일신의 분류 체계에 따라 '모듈'성을 띤다. 자세히 설명하자면, 유일신의 기준점에서 모든 피조물은 소프트웨어 공학의 하향식 설계와 유사한 양상으로, 각 피조물은 분류 혹은 독립성에 따라 '모듈'의 역할을 하며, 그중에서도 인간과 같은 지적 존재를 특히 독립적인 '모듈'로 분류할 수 있을 것이다. 이것은 마치 물리학이라는 컴퓨터에 우주라는 시스템 소프트웨어라고도 부를 수 있을 것이다. 이 '가변성 모듈'은 유일신의 체내 시계에 따라 현재의 시점에서 완전히 정의 곧 계산되어 있다.

이때 물리학이라는 컴퓨터는 유일신에 의해 온전히 제어되므로, 가변성 모듈의 정보 즉 본질은 유일신에 의해 정의되어 있다. 이제 이를 테세우스의 배에 해당하는 난제에 적용해 보자.

컴퓨터에서는 동일한 확장자의 동일 명칭인 파일을 한 폴더 내에(해당 폴더 내 다른 폴더 속에 담겨 있지 않는 이상) 두 개 이상 보관할 수 없다. 이는 컴퓨터가 해당 파일들의 명칭을 서로 구분하지 못하는 데에서 기인한다. 즉, 내용물이 동일하더라도 파일 명칭은 달라야 한다는 것이다.

유일신 역시 컴퓨터와 유사한 양상을 보일 수 있는데, 유일신이 의도적으로 특정 시점에 정보의 동일성을 지니도록 설정한 모듈들 곧 피조물들은 컴퓨터 곧 물리학적으로 구분되지 않는다. 즉, 존재가 구분되지 않는다는 것이다.

컴퓨터에서 특정 폴더 내 파일을 잘라 낸 뒤 다른 폴더에 붙여 넣는다고 하자, 그 파일은 이전 폴더에 있었던 파일과 다른가? 적어도 컴퓨터 내에선 동일하게 인식된다. 따라서, 컴퓨터의 정보 인식 기준처럼 유일신의 기준에 따라 물리학 내에서 동일성의 여부가 판단된다. 이는 마치 변하지 않는 컴퓨터의 하드웨어와 다르게 소프트웨어가 변경되는 것처럼 유일신을 제외한 물리학적 모든 피조물이 가변적인 성질을 지닌다는 것에 있다.

더 쉽게 표현하자면, 무한적 데이터 보관소인 유일신에 의해 모든 가변성 모듈 곧 피조물의 물리학적인 모든 정보(메인 서버 시각에 따라 과거부터 현재 시점까지)는 보관되어 있으며, 테세우스의 배에서 정체성에 관한 질문은 단순히 유일신의 기준에서 '모듈'의 분류법일 뿐이다.

독자는 이와 같은 필자의 대답에 상당히 실망할 수 있는데, 이러한 결론으로 귀결되기 때문이다.

'결국 정체성 혹은 본질은 유일신이 어떻게 인지하느냐 혹은 분류하느냐에 따라 바뀌는 것 즉, 유일신이 알아서 정하는 것이라는 말과 다를 바 없지 않은가?'

다만, 독자는 여기서 컴퓨터의 예시를 잘 추론하길 바란다. 컴퓨터는 모든 정보를 0과 1로 저장한다. 인간이 컴퓨터를 사용할 때에 GUI 기능에 따라 보이는 사진 혹은 글을 인간이 뇌에 저장하는 방식과 컴퓨터가 저장하는 방식은 다르다는 말이다. 앞서 제2편 제6장에서 필자는 게임 프로그램 속 유저나 캐릭터가 정보를 인지하는 방식과 게임의 메인 서버가 데이터(정보)를 확보(인지)하는 방식이 다르다고 언급한 바 있다. 따라서, 마치 컴퓨터가 데이터를 저장하는 방식과 사람이 뇌에 기억하는 방식이 다르듯이, 유일신이 물리학 범위 내에서 가변성 모듈 곧 피조물의 정보를 저장하는 방식은 다르며, 인간과 같은 피조물의 경우 죽어서 사라지더라도 유일신이라는 무한적 데이터 보관소에 완전한 정보가 저장되어 있다는 것이다.

결론적으로 마치 컴퓨터에서 삭제된 파일을 온전하게 복원하듯이, 피조물의 기준점에서 소멸한 혹은 사라진 존재가 유일신의 완전한 데이터(정보)에 의해 복원된 시점에서는 물리학적으로 그 둘의 차이가 구분되지 않는다는 것이다. 즉, 물리학적 그리고 본질적으로 동일하다.

또한, 필자의 주장은 필연적으로 이러한 내용의 답변 방식을 지닐 수밖에 없는데, 그 이유를 설명하고자 한 가지 예시를 들어 보겠다.

순간 이동에서도 테세우스의 배 문제가 발생하는데, 순간 이동 직전 물체의 정보를 스캔(확보)하고 순간 이동 시 물체를 원자 단위로 쪼갠 뒤 스캔(정보)한 내용을 바탕으로 재조립하는 것에 있어서 그렇다. 여기서 순간 이동 전의 물체와 순간 이동 후의 물체가 동일한가? 하는 질문이 생긴다. 인간이 이 순간 이동의 대상체가 된다면 순간 이동 전의 인간과 순간 이동 후의 인간이 동일한가? 하는 문제로 바뀌게 된다. 만약 순간 이동 이전에 뇌를 구성하고 있었던 원자를 팔이나 다리를 구성하는 데 사용한다면 순간 이동 전과 후의 인간을 동일하게 보기는 어려울 것이다.

게다가 최신 양자 역학에 따르면 불확정성 원리가 전자나 쿼크가 아닌 비교적 큰 물질(원자, 분자 등)에서도 관찰되기에 인간의 시점에서 동일성을 파악하는 것은 불가능에 가깝다. 여기에 상대론적 시간의 개념을 도입하면 문제가 매우 어려워진다. 광속에 가까운 속도로 비행하고 있는 우주선 내에 인간 A를 우주선 바깥으로 순간 이동을 시킨다면 A의 신체 모든 부위가 동시에 순간 이동하지 않는 한, 시간 지연에 의한 문제가 발생할 것이다.

아울러 성경의 이러한 구절은 필자의 주장을 뒷받침한다.

"나는 아브라함의 하나님이요 이삭의 하나님이요 야곱의 하나님이로라 하신 것을 읽어 보지 못하였느냐 하나님은 죽은 자의 하나님이 아니요 산 자의 하나님이시니라 하시니" 마태복음 22:32

이 말은 예수의 발언인데, 당시에 아브라함, 이삭, 야곱은 모두 죽고 난 이후였다. 그럼에도 그들이 '살아 있다'고 할 수 있는 이유는 유일신의 정보 저장 혹은 확보 기준이 테세우스의 배 난제에 대한 본질성 혹은 정체성의 기준을 정한다고 볼 수 있기 때문이다.

정리하자면, **물리학이라는 컴퓨터의 범위 내에 모든 가변성 모듈 곧 피조물은 유일신의 무한적 정보 보관성과 그 분류 체계에 의해 본질 혹은 정체성이 정의되어 있다. 이 정보의 복원값은 물리학적으로 실제 피조물의 존재와 구분되지 않는다.**

제4장

삼위일체론 반박 논증

아브라함 계통의 종교에 대해 어느 정도 지식이 있는 독자라면, '삼위일체'라는 단어를 한 번쯤은 들어 보았을 것이다. 삼위일체의 의미를 모를 수 있는 독자를 위해 간단히 설명하자면, 삼위일체란 성경에서 성부(유일신), 성자(예수), 성령이 모두 하나의 유일신이자 세 위격이라는 논리이다. 즉, 셋이 하나다.

이는 직관적으로 생각했을 때에 잘 이해가 가지 않을 수 있는데, 수학적으로 보았을 때 '3 = 1'이라는 형태로 보이기 때문이다. 사실 이것은 성경적으로도 모순성을 품고 있다. 다만, 대다수의 종교에서는 이를 일종의 '신비'로 분류하기에 필자는 이 모순성을 논리적으로 해결하고자 추론하였다.

결론적으로 말하면 성경적으로 삼위일체는 모순이다. 그렇게 말할 수 있는 이유를 성경적 근거를 들어 가며 설명해 보고자 한다. 단, 이번 장에서 필자는 보다 높은 객관성을 위해 앞서 사용했던 필자의 논리와 사상 즉, 제1편에서 제3편 제3장에 이르는 필자의 주장을 조금도 이용하지 않고 서술하도록 하겠다.

첫 번째 근거는 성경의 기록에 따르면 예수는 인간이던 시절에 특정 시간을 모르고 있음을 다시 말해 인지하고 있지 못함을 밝힌 바가 있다.

> "그러나 그 날과 그 때는 아무도 모르나니 하늘의 천사들도, 아들도 모르고 오직 아버지만 아시느니라" 마태복음 24:36

여기서 아버지와 아들이 같은 유일신이라면 예수의 모른다는 주장은 거짓말이 아닌가? 다만, 이 질문은 이렇게 반론할 수 있다.

'예수가 인간이었던 시절이기에 모르는 것이 가능하다.'

그런데, 성경에서 예수는 이러한 언급을 하였다.

> "너는 내가 내 아버지께 구하여 지금 열두 영 더 되는 천사를 보내

시게 할 수 없는 줄로 아느냐" 마태복음 26:53

이 성경의 내용에 따르면, 인간이었을 적 예수는 천사의 조직 체계를 어느 정도 알고 있었고, 이는 인간이 되기 이전의 기억이 있다는 것을 시사한다. 따라서, 예수가 모른다고 주장한 바와 천사의 조직 체계에 대한 이해성을 추론하건대, 삼위일체가 맞는다면 예수는 인간이 되기 이전에 기억 중 특정 기억만 인간이었을 때에 가지고 있었다는 말이 된다. 즉, 의도적으로 기억을 제한한 채 인간이 되었다.

또한, 예수는 특정 시간을 모른다고 답하므로 시간을 초월하지 않았음을 밝혔다. 다만, 여기서 시간과 동등한 위계이면서 분리되어 있을 수는 없는데, 시간과 동등하다면 유일신이 둘 이상이 되므로 유일신은 하나라는 성경적 근거에 따라 시간과 동일하거나 시간을 일부 혹은 속성으로 포함하고 있어야 한다.

"이스라엘아 들으라 우리 하나님 여호와는 오직 하나인 여호와시니" 신명기 6:4

그러나, 예수가 모른다고 답한 구절에서 예수는 아버지 즉 유일신은 안다고 답하였다. 만약 예수가 시간과 동등한 존재라면 유일신만 알고 예수 자신은 모른다는 논리는 모순이다. 다만, 여기서 유일신과 예수 모두 시간과 동등하면서 유일신은 미래를 계산하였고 그 정보가 예수에게 전달되지 않았다는 반론으로 모순점을 해결할 수 있을 것처럼 보이는데, 이는 예수와 유일신이 하나인 유일신이라는 삼위일체와 모순된다. 따라서, 이 난제를 삼위일체를 성립시키면서 해결하는 방식은 이번에도 역시 '예수는 인간이었을 적 시간보다 하위의 상태를 지닌다.'라는 논리 외에는 설명되지 않는다. 즉, 인간 이전의 예수와 부활 이후의 예수는 모른다고 한 그 시점에 대해 알았으나 인간이었을 적 자신의 기억에 의도적인 제한을 걸었다는 이야기이다.

그렇다면 여기서 이러한 질문이 생긴다.

'과연 인간이었을 적 예수, 인간 이전의 예수, 부활된 이후의 예수를 모두 동일한 존재라고 할 수 있는가?'

또한, 성경의 이러한 구절로 인해 다음과 같은 질문이 생긴다.

"집마다 지은 이가 있으니 만물을 지으신 이는 하나님이시라" 히

브리서 3:4

'삼위일체에 따라 유일신과 예수는 하나이므로 성경에 따라 만물의 창조주이자 시간에 대해 최소한 동등해야 하는 존재가 시간에 대해 하위적인 상태와 동등한 상태를 오갈 수 있는가? 만일 오갈 수 있다면, 시간의 하위 상태인 예수와 시간과 최소 동등한 위계 상태의 예수를 동일한 존재로 볼 수 있는가?'

두 번째 근거는 성경에서 예수가 유일신과 다르게 시작이 있었음을 밝힌다.

"그는 보이지 아니하시는 하나님의 형상이요 모든 창조물보다 먼저 나신 자니 만물이 그에게 창조되되 하늘과 땅에서 보이는 것들과 보이지 않는 것들과 혹은 보좌들이나 주관들이나 정사들이나 권세들이나 만물이 다 그로 말미암고 그를 위하여 창조되었고 또한 그가 만물보다 먼저 계시고 만물이 그 안에 함께 섰느니라" 골로새서 1:15~17

"산이 생기기 전, 땅과 세계도 주께서 조성하시기 전 곧 영원부터 영원까지 주는 하나님이시니이다" 시편 90:2

이 성경의 내용에서 유일신은 시작이 없었으나 예수는 시작이 있었음을 알려 준다. 그런데, 시간과 최소한 동등한 위계를 지니려면 시작이 있을 수 없다. 시작이 있었다는 것은 곧 시간에 대해 필연적으로 하위적인 상태를 가지기 때문이다. 또한, 직전에 살펴보았던 것처럼 성경에서는 유일신이 모든 것의 창조주(히브리서 3:4)라고 분명히 밝히므로 유일신은 최소한 시간과 동등하거나 그 이상의 위계를 지녀야 한다.

정리하자면, 성경의 내용에 따라 유일신은 최소한 시간과 동등해야 하나, 예수는 시간에 대해 필연적으로 하위적 상태를 지니므로 예수와 유일신이 하나라는 삼위일체는 성경과 모순을 일으킨다.

아울러, 어떻게 시작이 있는 존재가 시작이 없는 존재와 하나일 수 있는가?

세 번째 근거는, 성경에서 예수가 유일신에게 기도했다는 내용에 있다.

"조금 나아가사 얼굴을 땅에 대시고 엎드려 기도하여 가라사대 내

아버지여 만일 할 만하시거든 이 잔을 내게서 지나가게 하옵소서 그러나 나의 원대로 마옵시고 아버지의 원대로 하옵소서 하시고"

마태복음 26:39

여기서 예수는 다른 인간들에게 기도하는 방법을 알려 준 것이 아닌데, 기도의 내용으로 미루어 봤을 때에도 그렇고, 이전에 기도하는 방법에 대해 다른 인간들을 가르친 경우와 비교해 보았을 때에도 그렇다. 즉, 예수 자신이 원하여 직접 유일신에게 기도한 것이다.

다음은 성경에 기록된 예수가 다른 인간들한테 기도하는 방법을 가르치는 내용이다.

"또 너희가 기도할 때에 외식하는 자와 같이 되지 말라 저희는 사람에게 보이려고 회당과 큰 거리 어귀에 서서 기도하기를 좋아하느니라 내가 진실로 너희에게 이르노니 저희는 자기 상을 이미 받았느니라 너는 기도할 때에 네 골방에 들어가 문을 닫고 은밀한 중에 계신 네 아버지께 기도하라 은밀한 중에 보시는 네 아버지께서 갚으시리라 또 기도할 때에 이방인과 같이 중언부언하지 말라 저희는 말을 많이 하여야 들으실 줄 생각하느니라 그러므로 저희를 본받지 말라 구하기 전에 너희에게 있어야 할 것을 하나님 너희 아버지께서 아시느니라 그러므로 너희는 이렇게 기도하라 하늘에 계신 우리 아버지여 이름이 거룩히 여김을 받으시오며" 마태복음 6:5~9

이러한 점들을 미루어 추론하였을 때에, 앞서 언급한 예수의 기도는 타인을 가르치려는 목적이 아닌 자신이 원해서 한 기도이고, 이것을 삼위일체에 따라 해석하면 예수는 의도적으로 자기 자신한테 기도한 것이 되는 이치적이지 못한 결론이 나온다.

네 번째 근거는 성경에서 예수는 자신으로 말미암지 않고는 유일신에게 갈 수 없다고 언급한 바 있다.

"예수께서 가라사대 내가 곧 길이요 진리요 생명이니 나로 말미암지 않고는 아버지께로 올 자가 없느니라" 요한복음 14:6

삼위일체를 근거로 하여 해석하면 이는 자기 자신으로 말미암지 않고는 자기 자신한테 갈 수 없다는 당연하면서도 무의미하거나 해괴한 논리가 된다.

다섯 번째 근거는 예수는 자신은 선하지 않으며 유일신 외에는 선한 이가 없다고 말하였다.

"예수께서 이르시되 네가 어찌하여 나를 선하다 일컫느냐 하나님 한분 외에는 선한 이가 없느니라" 누가복음 18:19

삼위일체를 근거로 하여 해석하면 이는 자신은 선하지 않은데 자신 외에는 선한 이가 없다는 모순적인 말이 되어 버린다. 혹은 선하지 않은 예수 자신과 홀로 선한 유일신이 하나라는 모순점이 생긴다.

여섯 번째 근거는 예수 자신이 스스로 유일신보다 못하다고 시인하였다.

"내가 진실로 진실로 너희에게 이르노니 종이 상전보다 크지 못하고 보냄을 받은 자가 보낸 자보다 크지 못하니" 요한복음 13:16

성경의 해당 구절이 속한 장의 문맥을 보면 이 구절은 보냄을 받은 자 곧 예수는 보낸 자 곧 유일신보다 크지 않다는 말이다. 다만, 여기서 이렇게 반론할 수는 있다.

'크지 않다는 것은 작다는 것이 아니라 같다는 말도 포함되지 않는가?'

그러나, 예수는 유일신보다 자신이 작다는 의미에서 크지 않다고 언급한 것이 거의 확실한데, 그 이유는 보냄을 받은 자와 보낸 자를 비교하는 말 바로 앞에 '종과 상전'이라는 표현을 사용하여 뒷말 즉, 보냄을 받은 자와 보낸 자를 비교하였기 때문이다. 예수가 이 말을 언급할 당시에 종은 상전보다 절대적으로 작거나 못한 위치였다.

다음으로 성경에서 삼위일체를 뒷받침하는 듯한 내용을 살펴보겠다.

첫 번째로 개역한글판 성경에서는 예수를 유일신이라고 직접적으로 언급한다.

> "태초에 말씀이 계시니라 이 말씀이 하나님과 함께 계셨으니 이 말씀은 곧 하나님이시니라" 요한복음 1:1

이 구절의 원문인 헬라어에서 '신'이라는 단어는 번역할 때 해당 단어 앞에 정관사의 여부에 따라 '하나님' 또는 '신'으로 번역될 수 있다. 위 구절의 개역한글판 번역 성경에서 2번 나오는 '하나님'에 해당하는 원어에는 첫 번째 등장 부분 '말씀이 하나님과 함께'에서의 '하나님' 앞에 정관사가 있는 반면에 두 번째 등장 부분인 '말씀은 곧 하나님이시니라'에서의 '하나님' 앞에는 정관사가 없다.

따라서, 필자가 발췌한 요한복음 1:1의 끝부분은 다음과 같이 번역하는 것이 이치적일 것이다.

'말씀은 곧 신이셨다.' 혹은 '말씀은 곧 신격을 지니고 계셨다.'

두 번째로 개역한글판 성경에서는 예수와 유일신이 하나라고 한 예수의 언급이 있다.

"내게 주신 영광을 내가 저희에게 주었사오니 이는 우리가 하나가 된것 같이 저희도 하나가 되게 하려 함이니이다" 요한복음 17:22

여기서 예수는 유일신과 자신이 하나라고 언급하는데, 자신과 유일신이 하나인 것처럼 제자들 역시도 하나가 되게 하려는 것이라고 하였다. 그런데, 만약 자신과 유일신이 하나라고 한 예수의 말의 의미가 삼위일체적 의미라면, 제자들이 하나가 되게 한다는 말의 의미 역시도 그러할 것이다. 따라서 이 성경의 내용에서 '하나'라는 의미는 '일치된 생각' 혹은 '일치된 사상'이라는 의미에서 하나일 가능성이 높다. 제자들은 인간이기에 적어도 삼위일체의 형태로 '둘이면서 하나' 혹은 '셋이면서 하나'라는 상태를 지닐 수 없기 때문이다.

세 번째로 예수는 자신을 본 자는 유일신을 본 것이라고 언급한 바 있다.

> "예수께서 가라사대 빌립아 내가 이렇게 오래 너희와 함께 있으되 네가 나를 알지 못하느냐 나를 본 자는 아버지를 보았거늘 어찌하여 아버지를 보이라 하느냐" 요한복음 14:9

여기서 자신을 본 자는 유일신을 본 것이라고 한 예수의 언급은 삼위일체에 따라 자신과 유일신이 동일하다는 의미가 아님을 충분히 추론해 볼 수 있는데, 성경의 다른 구절이 예수의 '나를 본 자는 아버지를 보았거늘'이라는 말의 의미를 해설해 주기 때문이다.

“그는 보이지 아니하시는 하나님의 형상이요 모든 창조물보다 먼저 나신 자니” 골로새서 1:15

즉 '나를 본 자는 아버지를 보았거늘'이라는 예수의 말의 의미는 자신이 유일신의 형상이라는 말과 일관적이다. 따라서, 성경에서는 예수를 유일신의 '형상'이라고 언급하지 유일신 그 자체라고 언급하거나 설명하지 않는다고 보는 것이 이치적일 것이다.

결론적으로 삼위일체를 반박하는 성경적 근거 6가지와 삼위일체를 지지하는 듯해 보이는 성경적 내용 3가지를 살펴보았을 때, **예수는 유일신과 동일하거나 동등하지 않으며, 시간에 대해 하위적인 형태를 지니되, 모든 피조물 중 가장 위계가 높다는 것을 추론해 볼 수 있다.** 그렇기에 성경에서는 예수에 대해 이러한 해설이 기술되어 있다.

“옛적에 선지자들로 여러 부분과 여러 모양으로 우리 조상들에게 말씀하신 하나님이 이 모든 날 마지막에 아들로 우리에게 말씀하셨으니 이 아들을 만유의 후사로 세우시고 또 저로 말미암아 모든 세계를 지으셨느니라 이는 **하나님의 영광의 광채시요 그 본체의 형상**이시라 그의 능력의 말씀으로 만물을 붙드시며 죄를 정결케

하는 일을 하시고 높은 곳에 계신 위엄의 우편에 앉으셨느니라 저가 천사보다 얼마큼 뛰어남은 저희보다 더욱 아름다운 이름을 기업으로 얻으심이니 하나님께서 어느 때에 천사 중 누구에게 네가 내 아들이라 오늘날 내가 너를 낳았다 하셨으며 또 다시 나는 그에게 아버지가 되고 그는 내게 아들이 되리라 하셨느뇨 또 맏아들을 이끌어 세상에 다시 들어 오게 하실 때에 하나님의 모든 천사가 저에게 경배할찌어다 말씀하시며" 히브리서 1:1~6

제3편 내용 정리

1. 자유 의지는 피조물의 의지이므로 시간과 결정론에 대해 하위 위계이고, 결정론과 충돌하지 않는다. 미래가 결정되어 있다고 한들 자유 의지를 갖는 피조물은 그것이 스스로의 선택으로 형성된 미래인지 결정되어 있는 미래인지 구분할 수 없기에 그 자체로 자유 의지는 존재한다.
2. 성경에서 영혼으로 번역된 히브리어와 그리스어 원어는 '영혼'에 해당하는 한자어와 의미가 완전히 다르며, 생물학적 그리고 물리학적으로 영혼은 입증되지 않았다. 따라서, 성경에서 말하는 영혼은 존재 그 자체나 생명을 의미할 가능성이 높다.
3. 유일신의 분류 및 정리 기준에 따라 피조물이라는 모듈의 본질이 정의되어 있으며 해당 정보의 복원값은 물리학적으로 실제 피조물의 존재와 구분되지 않는다.
4. 성경에서 예수는 시간에 대해 하위적 위계를 지니고, 시작이 있었으며, 유일신과의 관계에서 대조적인 특징이 드러나므로 예수는 유일신과 동일한 존재가 아니라 최초의 피조물로서 모든 피조물 중에 가장 위계가 높다고 보는 것이 이치적이다.

부록

제1장

예수의 대속적 값

제3편 제4장에서 필자는 삼위일체가 성경적으로 모순임을 논증한 바 있다. 그러면 여기서 질문이 생긴다.

'삼위일체가 거짓이라면 예수는 어떤 존재인가?'

한 가지 생각해 볼 만한 점은 필자가 제3편 제4장에서 언급한 것처럼 예수의 위계가 모든 피조물 가운데 가장 높음에도 지구상에 인간으로서의 삶을 살았다는 것에 있다.

어떻게 성경에 근거한 영적인 존재가 더 나아가 모든 천사 중에서 가장 높은 존재가 인간이 될 수 있는가? 이 질문에 대한 답 역시 성경에 들어 있다.

"사람이 땅위에 번성하기 시작할 때에 그들에게서 딸들이 나니 하나님의 아들들이 사람의 딸들의 아름다움을 보고 자기들의 좋아하는 모든 자로 아내를 삼는지라 여호와께서 가라사대 나의 신이 영원히 사람과 함께 하지 아니하리니 이는 그들이 육체가 됨이라 그러나 그들의 날은 일백 이십년이 되리라 하시니라 당시에 땅에 네피림이 있었고 그 후에도 하나님의 아들들이 사람의 딸들을 취하여 자식을 낳았으니 그들이 용사라 고대에 유명한 사람이었더라"
창세기 6:1~4

이 성경 내용에서 알 수 있듯이 천사 중 일부는 일시적으로 인간이 되어 인간 여자에게 자녀를 잉태시켰다. 즉, 천사 역시 인간이 될 수 있다면 영적 피조물 중 가장 위계가 높은 자 곧 예수 역시 인간이 될 수 있었을 것이다.

이것은 유일신으로부터 일종의 삶의 권한을 부여받은 것이라고 할 수 있는데, 영적 존재들 중 일부 즉, 일부 천사와 예수는 영적 존재로서의 삶과 인간으로서의 삶 두 가지의 권한을 부여받은 것이다. 다만, 성경의 내용을 보면 인간이 천사를 접할 때에 천사가 인간 형태인지 아니면 천사 그 자체의 형태인지 구분이 어려울 수 있다. 그럼에도 불구하고, 네피림과 관련된 성경의 내용에서 천사들이 인간과 육체적 관계를 가졌다는 점을 미루어 볼 때 해당 천사들은 인간의 형태로 인간(여자)과 접한 것임을 추론해 볼 수 있다.

그런데, 필자는 왜 영적 존재의 삶에 대한 이중적 권한을 언급한 것인가? 그것이 예수와 무슨 관련이 있는가?

그 이유는 왜 예수가 인간으로서 삶을 겪으면서 죽어야 했는지를 설명하기 위해서이다. 더 정확히 표현하면, 이번 장에서 필자가 논증하고자 하는 바는 '예수가 죽어야 했던 **이유**'가 아니라 '왜 **예수**가 죽어야 했는가'이다.

성경에서는 원죄 즉, 완전한 인간 곧 최초의 인간이 유일신에게 지었던 죄로 인해 모든 인간이 죽게 되었음을 알려 준다. 동시에, 이 원죄를 해소하기 위해서는 동등한 값어치 곧 무죄 상태의 완전한 인간의 생명이 희생되어야 한다는 유일신의 공의에 대한 표준을 알려 준다.

> "이러므로 한 사람으로 말미암아 죄가 세상에 들어오고 죄로 말미암아 사망이 왔나니 이와 같이 모든 사람이 죄를 지었으므로 사망이 모든 사람에게 이르렀느니라 죄가 율법 있기 전에도 세상에 있

었으나 율법이 없을 때에는 죄를 죄로 여기지 아니하느니라 그러나 아담으로부터 모세까지 아담의 범죄와 같은 죄를 짓지 아니한 자들 위에도 사망이 왕노릇하였나니 아담은 오실 자의 표상이라 그러나 이 은사는 그 범죄와 같지 아니하니 곧 한 사람의 범죄를 인하여 많은 사람이 죽었은즉 더욱 하나님의 은혜와 또는 한 사람 예수 그리스도의 은혜로 말미암은 선물이 많은 사람에게 넘쳤으리라 또 이 선물은 범죄한 한 사람으로 말미암은 것과 같지 아니하니 심판은 한 사람을 인하여 정죄에 이르렀으나 은사는 많은 범죄를 인하여 의롭다 하심에 이름이니라 한 사람의 범죄를 인하여 사망이 그 한 사람으로 말미암아 왕노릇 하였은즉 더욱 은혜와 의의 선물을 넘치게 받는 자들이 한 분 예수 그리스도로 말미암아 생명 안에서 왕노릇 하리로다 그런즉 한 범죄로 많은 사람이 정죄에 이른 것같이 의의 한 행동으로 말미암아 많은 사람이 의롭다 하심을 받아 생명에 이르렀느니라 한 사람의 순종치 아니함으로 많은 사람이 죄인 된것 같이 한 사람의 순종하심으로 많은 사람이 의인이 되리라" 로마서 5:12~19

"사망이 사람으로 말미암았으니 죽은 자의 부활도 사람으로 말미암는도다 아담 안에서 모든 사람이 죽은것 같이 그리스도 안에서 모든 사람이 삶을 얻으리라" 고린도전서 15:21~22

그렇기 때문에, 무죄 상태의 완전한 인간으로서의 삶에 대한 권한이 있었던 예수는 완전한 인간의 생명이라는 원죄 값을 구속(救贖)할 수 있었다. 다만, 필자의 논리에 따르면 무죄 상태의 완전한 인간으로서의 삶에 대한 권한이 있는 영적 존재 곧 천사들 중 일부 역시도 예수와 같은 값을 치를 수 있었다.

그러면 어째서 예수가 선택되었는가? 그는 최초의 피조물로 유일신의 맏아들이자 유일신에게 있어 가장 가치가 높은 존재임에도 불구하고 말이다.

성경에서는 그것을 유일신이 인간에게 나타낸 사랑으로 표현한다.

> "하나님이 세상을 이처럼 사랑하사 독생자를 주셨으니 이는 저를 믿는 자마다 멸망치 않고 영생을 얻게 하려 하심이니라" 요한복음 3:16

여기서 '독생자를 주셨으니'라는 표현에 유의해 볼 수 있는데, 단순히 원죄를 구속하는 값으로 희생한 것이 아니라 유일신이 인간에 대한 사랑을 나타내서 자신의 맏아들 곧 독생자를 인간들을 위해 희생시킨 것이다. 그렇기에 성경에서는 '주셨으니'라고 기술되어 있다.

다만, 그렇게 할 수 있는 이유는 필자의 논리에 따라 예수에 대한 삶의 권한이 유일신의 공의에서 무죄인 상태로 영적 존재로서의 삶과 인간으로서의 삶 두 가지를 지녔기에 희생 이후에도 예수는 죽지 않기 때문이다. 영적 존재로서 그 이후에도 살아갈 수 있다는 것이다.

만약 인류의 원죄에 대한 구속을 위해 유일신이 또 다른 완전한 인간을 창조하여 대신 희생토록 하였다면 그 인간은 다시 살아날 수 없다. 완전한 인간 생명을 지불하였고 그자는 영적 존재로서의 삶에 대한 권한을 부여받지 못했기 때문이다. 즉, 필연적으로 인류의 구속에는 영적 존재이자 인간으로서의 삶의 권한도 가지며 유일신에 대해 반역하거나 죄를 짓지 않은 무결한 상태의 피조물이 필요하였다.

그런데, 여기서 반문이 생긴다. 필자의 논리대로라면 부활 이후의 예수는 인간이 아니다. 완전한 인간으로서의 생명을 값으로 지불했기 때문이다. 그렇다면 영적 존재가 인간이 아님에도 어떻게 인간처럼 식사를 할 수 있는가?

> "이에 구운 생선 한 토막을 드리매 받으사 그 앞에서 잡수시더라" 누가복음 24:42

이 성경의 내용에는 부활 이후에 예수가 음식물을 섭취했다는 점이 기술되어 있다. 어떻게 영적 존재인 예수가 인간처럼 식사를 할 수 있는가?

사실 영적 존재가 식사를 한 기록은 성경에 또 있다.

> "날이 저물 때에 그 두 천사가 소돔에 이르니 마침 롯이 소돔 성문에 앉았다가 그들을 보고 일어나 영접하고 땅에 엎드리어 절하여 가로되 내 주여 돌이켜 종의 집으로 들어와 발을 씻고 주무시고 일찌기 일어나 갈 길을 가소서 그들이 가로되 아니라 우리가 거리에서 경야하리라 롯이 간청하매 그제야 돌이켜서 그 집으로 들어오는지라 롯이 그들을 위하여 식탁을 베풀고 무교병을 구우니 그들이 먹으니라" 창세기 19:1~3

이 성경의 내용에서 인간의 형태가 아닌 천사 곧 영적 존재 역시 음식물을 섭취하였다고 밝히고 있다. 이는 예수가 부활된 이후에 인간이 아닌 영적 존재임에도 음식물을 섭취할 수 있음을 반증한다.

결론적으로 **예수는 유일신의 최초의 피조물로서 영적 존재로서의 삶과 인간으로서의 삶의 권한 두 가지 모두 지녔으나, 인류의 원죄를 구속하기 위해 인간으로서의 삶을 희생한 것이며, 이는 예수가 아닌 천사들 중 일부 역시 가능하였으나 유일신은 인류를 사랑하였기에 자신의 가장 귀중한 것 즉, 예수를 선택한 것이다.**

제2장

유일신과 인간

성경에서는 최초의 인간이 유일신에게 반역한 결과 인류가 모두 죽게 되었다고 설명한다.

> "이러므로 한 사람으로 말미암아 죄가 세상에 들어오고 죄로 말미암아 사망이 왔나니 이와 같이 모든 사람이 죄를 지었으므로 사망이 모든 사람에게 이르렀느니라" 로마서 5:12

어떤 사람들은 이에 대해 이러한 질문을 할지도 모른다.

'유일신이 인간을 반역할 수 없도록 창조했더라면 문제가 없지 않았는가?'

그러나 이 질문은 자유 의지에 대한 논리로 간단히 반박할 수 있는데, 유일신이 인간을 반역할 수 없도록 창조했다는 말은 인간에게 자신을 반역할 권리를 주지 않았거나 반역할 수 있는 기능을 만들지 않았다는 논리로 해석될 수 있으며, 그러한 상태의 인간에게 자유 의지가 있다고 하기 어려울 것이다.

성경을 읽어 보거나 접해 보지 못한 독자라면 이러한 질문이 생길 수 있다.

'성경에서 최초의 인간은 왜 유일신에게 반역하였는가?'

1차적인 원인은 뱀 곧 성경에서 말하는 사탄이 최초의 인간 여자를 속였기 때문이다. 성경의 내용은 다음과 같다.

> "여호와 하나님의 지으신 들짐승 중에 뱀이 가장 간교하더라 뱀이 여자에게 물어 가로되 하나님이 참으로 너희더러 동산 모든 나무의 실과를 먹지 말라 하시더냐 여자가 뱀에게 말하되 동산 나무의 실과를 우리가 먹을 수 있으나 동산 중앙에 있는 나무의 실과는 하나님의 말씀에 너희는 먹지도 말고 만지지도 말라 너희가 죽을까 하노라 하셨느니라 뱀이 여자에게 이르되 너희가 결코 죽지 아니하리라 너희가 그것을 먹는 날에는 너희 눈이 밝아 하나님과 같이 되어 선악을 알 줄을 하나님이 아심이니라 여자가 그 나무를 본즉

먹음직도 하고 보암직도 하고 지혜롭게 할 만큼 탐스럽기도 한 나무인지라 여자가 그 실과를 따먹고 자기와 함께한 남편에게도 주매 그도 먹은지라" 창세기 3:1~6

뱀은 유일신에게 반역(유일신의 명령을 어기고 선악과를 먹는 일)하여도 죽지 않을 것이며 유일신과 같이 된다고 말하며 여자를 속였다. 그 후 최초의 남자였던 남편 역시도 자신의 아내였던 최초의 여자를 따라 유일신에게 반역하였다.

여기서 최초의 인간은 단순히 뱀에게 속은 것일 수는 없는데, 여자는 선악과를 먹기 전 자신의 남편과 그리고 그 당시에 의사소통이 가능했던 유일신과 상의할 수 있었을 것이다. 그러나 여자는 그렇게 하지 않았다. 즉, 유일신의 명령을 의도적으로 어긴 것이다. 이것은 고의적인 반역이라고도 할 수 있다. 남자 역시도 마찬가지인데, 당시에 저 상황에서 뱀과 유일신 둘 중 하나는 반드시 거짓을 말하고 있었고 최초의 인간들 역시 그 점을 분명히 인지하고 있었기 때문에 그들이 신중하게 상황을 판단했더라면 분명 먼저 유일신과 상의하였을 것이다. 따라서 남자와 여자 모두 유일신에게 고의적으로 반역한 셈이다.

다만, 여기서 필자가 말하고자 하는 바는 단순히 잘잘못을 따져 보자는 것이 아니라 최초의 인간이 유일신에게 반역한 동기가 무엇인가 하는 점이다.

이 성경의 내용에서 뱀과 여자의 대화가 매우 흥미로운데, 뱀은 여자에게 선악과를 먹으면 유일신처럼 되고 선악을 알게 될 것이라고 하였다. 그런데 사실 여자에게 그렇게 되고자 하는 의도 즉, 유일신처럼 되고 선악을 알고 싶다는 의도이자 욕망이 없었더라면, 뱀의 말이 사실이라고 할지라도 여자는 선악과를 먹는 일 곧 유일신에게 반역하지 않았을 것이다.

또한, 이 상황에서 여자는 남자에게 선악과를 건네며 뱀에게 들었던 말을 전해 주었을 것이 분명하므로 최초의 남자도 뱀의 주장인 유일신처럼 되어 선악을 알게 된다는 내용을 사실로서이든 혹은 거짓으로서이든 인지하고 있었을 것이다.

필자가 이 내용으로부터 언급하고자 하는 바는 여자가 뱀의 속임수에 넘어가 선악과를 취한 의도에 있다. 여자는 유일신처럼 되고 싶어 했다. 그렇지 않다면 앞서 언급한 바와 같이 뱀의 말을 사실이라고 믿었다 하더라도 선악과를 취하지 않았을 것이다. 따라서 유일신에게 의도적으로 반역한 것은 인간의 선택이지만, 반역할 수 있는 기능을 인간에게 심어 준 것은 유일신이다. 이는 유일신이 악하다는 말과 전혀 다른데, 당시의 인간은 그 기능의 사용 여부를 온전히 제어할 수 있었기 때문이다. 그렇기에 고의적인 반역이라고 필자는 언급한 것이다.

이러한 여자의 반역은 일종의 자기 초월적 욕망과도 같은데, 이는 매슬로우의 욕구 계층 이론에서 가장 최상위 욕구인 자아 초월 욕구이다. 그렇다면 왜 유일신은 굳이 인간의 이러한 욕구가 시험받도록 내버려 두었는가?

이 질문에 대한 답은 필자 역시 아직 찾지 못하였다. 다만, 이 질문을 다루기 앞서 자유 의지와 욕망의 관계에 대해 언급하고자 한다.

만일 어떤 존재가 자유 의지는 있는데 욕망이 없다고 해 보자. 이 존재는 어떻게 움직일 것인가? 아마도 그 존재는 아무것도 하지 않을 것인데, 욕망이 없으므로 하고 싶은 바가 없기 때문이다. 모든 것을 할 자유가 있음에도 욕망이 없는 존재란 그와 같다. 필자가 이 글을 집필하는 이유 역시 필자의 욕망에 의한 것과 같다. 따라서 이 존재에게는 자유 의지가 있다고 할 수 없다. 자유는 있으나 '의지'가 생길 수 없기 때문이다.

반대로 자유 의지가 없이 욕망만이 존재할 수도 없다. 욕망이 있는 존재는 그 욕망에 따라 의지를 가질 것이고 이는 실제적 자유가 없을 뿐이지 욕망에 따른 의지 곧 자신의 욕망을 해소하고자 하는 의지를 가짐에 있어 자유 의지와 구분되지 않기 때문이다.

다시 질문으로 돌아와서 '왜 유일신은 인간의 자아 초월 욕구가 시험받도록 내버려두었는가?' 이 질문은 필자가 이번 장의 앞부분에서 언급한 '유일신이 인간을 반역할 수 없도록 창조했더라면 문제가 없지 않았는가?'라는 질문과도 연관되어 있다.

따라서 이렇게도 질문할 수 있다.

'유일신은 왜 인간 설계에 자아 초월 욕구라는 반역할 수 있는 기능을 넣었는가?'

이 질문의 핵심은 **인간에게 자아 초월 욕구 외에 다른 욕망**

만이 있다고 하더라도 유일신에게 반역할 수 있는 기능 및 권리 그리고 자유 의지가 없지 않다는 것에 있다. 그럼에도 불구하고 유일신은 그러한 욕망(기능)을 인간 설계에 반영한 이유가 무엇인가?

앞서 말했듯이 필자 역시도 이 질문에 대한 답을 찾지 못하였다. 다만 추론하건대 유일신은 완전한 함수이므로 해당 기능을 인간에게 삽입한 것에는 분명한 의도가 있을 것이다.

유일신에 대해 최초의 인간이 반역한 성경의 내용에서 또 다른 흥미로운 사고 실험을 할 수가 있는데 내용은 다음과 같다.

'만약 유일신이 자신을 제외한 모든 피조물 곧 만물을 동일하게 설정한 우주를 또 하나 창조했다고 하자. 이 우주는 원본 우주의 완벽한 복제본일 것이다. 거기에 유일신은 자신의 모든 행동과 움직임을 원본 우주와 동일하게 진행한다고 하자. 마지막으로 복제된 우주의 모든 피조물 곧 만물과 원본 우주의 만물이 완벽히 분리되어 있어 서로를 인지할 수도 상호 작용할 수도 없다고 할 때 복제된 우주에서의 최초의 인간은 유일신에게 반역할 것인가?'

이 사고 실험을 더 어렵게 만들어 보자.

'그러한 방식으로 복제된 우주가 10개, 100개, 1000개 아니 무수히 많고 각 우주는 서로 완벽히 분리되어 서로를 인지하거나 상호 작용하지 못한다고 할 때 모든 우주에서 최초의 인간은 유일신에게 반역할 것인가?'

이 사고 실험에 대한 결과는 모두 최초의 인간이 유일신에게 반역할 것이다. 그 이유는 모든 조건이 원본과 동일하기 때문이다. 따라서 필연적으로 각 복제 우주 내 최초의 인간들은 동일하게 유일신에게 반역할 것이며, 이는 제2편 제6장에서 필자가 주장한 '유일신의 관점에서 물리학은 필연적으로 결정론이다.'라는 논리와 일치한다.

아울러, 위의 사고 실험에도 불구하고 유일신의 실험 결과에 대한 사전 인지성을 제외하면 각 복제된 우주 내 최초의 인간들은 모두 고의적으로 자신의 자유 의지에 따라 반역하였으므로 반역에 대한 책임은 모두 각 최초의 인간들에게 있다. 이는 원본 우주인 우리 우주에서 인간의 반역에 대한 책임 역시 인간 창조자인 유일신에게 있지 않다는 점을 다시 한번 반증해 준다.

제3장

유신론 동시에 무신론

제2편에서부터 부록 제2장에 이르기까지 필자는 필연적 유일신과 성경에 근거한 유신론에 대해 다루었다. 다만, **필연적 유신론이 성경에 근거한 유신론임을 증명하는 것은 절대 아니다.** 필자는 필연적 유신론의 구조성에 따라 '성경에 근거한 유신론'이라는 구조가 가능함을 보인 것일 뿐이다. 그것이 제1편에서 제2편으로 연결되는 필자의 논리 혹은 논증 구조이다.

이번 장에서는 제2편에서부터 부록 제2장에 이르는 필자의 논리를 제외하고 오직 제1편의 내용만 가지고 추론하고자 한다. 필자는 무엇에 대해 설명하고자 하는가? 이 장의 제목에서 추측해 볼 수 있듯이 '무신론'이다.

제1편에서 필자의 주장에 따라 '허'는 모든 실의 가능성을 품고 있다. 따라서 필자의 필연적 유신론에 대해 독자 혹은 무신

론자들은 이렇게 반론할 수 있다.

'허가 모든 가능성을 품고 있고, 그 가능성 중 하나가 우리 우주라면, 우리 우주가 '신이 존재하지 않는 우주'일 가능성도 있지 않은가?'

이 질문은 제1편에 따른 필자의 논리와 부합한다. 따라서, 필자 역시 우리 우주가 '신이 존재하지 않는 우주'일 가능성 자체를 무시하지 않는다. 충분히 그러할 수 있다는 것이다. 그렇다면, 필자의 '필연적 유신론'이라는 말 자체가 어불성설이 되지 않는가?

결론부터 말하자면, 아니다. 그 이유는 간단한데, '신'의 정의가 다르기 때문이다. 더 자세히 설명해 보겠다.

신이 존재하지 않는 우주에서 신은 조물주 혹은 창조주의 의미가 짙을 것이다. 인간과 유사한 인격을 가진 존재일 수도 있고, 우주와 개별적으로 독립적인 형태를 지닐 수 있다. 제2편에서부터 부록 제2장까지 필자가 언급한 성경의 유일신이 그 대표적인 예시일 것이다.

그런데, 제1편에서 필자가 주장한 필연적 유신론에서의 신은 그 의미가 다르다. 필자는 물리학과 수학이 동등할 수 없음을 근거로 하여 물리학의 범위 내에서 물리학을 '존재함'으로 판단할 수 있는 지적 존재의 입장에서 물리학의 근원 혹은 본질이 반드시 존재해야 함을 증명하였다. 더 쉽게 설명하면, 데카르트의 '나는 생각한다. 고로 존재한다.'라는 논리에 근거하여 물리학의 범위 내에 있는 지적 존재가 자신이 존재함을 인정하거나 인지한다면, 동시에 물리학의 근원 혹은 본질이 필연적으로 존재해야 한다는 것이다. 여기서 필자가 언급한 물리학의 근원 혹은 본질이 바로 필연적 유신론에서의 신이다.

따라서, **'신이 존재하지 않는 우주'라는 개념과 동일한 의미에서 '무신론적 세계'에 해당한다고 하더라도, 필자의 필연적 유신론에 근거한 신은 반드시 존재해야 한다.** 그렇기에 필자는 '필연적'이라는 수식어를 사용한 것이다.

대부분의 무신론자들을 포함하여 일반적인 사람들은 필자가 주장한 필연적 유신론에서의 '신'에 대한 개념으로 일반적인 유신론이나 신을 생각하지 않을 것이다. 아마 필자의 글을 읽기 전의 독자 역시 그러하였을 것이다. 동시에, 그러한 '신'에 대한 정의를 가지고 있는 사람들이 생각하는 무신론은 필자의 필연적 유신론과 논리가 충돌하지 않을 것이다. '신'의 정의가 다르기 때문이다.

따라서 제1편의 글을 읽은 사람이라면 이렇게 생각할 수 있다.

'이 글의 필자는 무신론을 반박하고 있는 것이 아니다.'

그리고 이러한 주장은 틀렸다고 할 수 없다. 필자 역시도 그리스·로마 신화 같은 성경을 제외한 전설이나 신화적 개념에서의 '신'은 존재하지 않는다고 생각하기 때문이다. 그러한 의미에서 **필자 역시도 '신'의 정의에 따라 무신론자일 수도 있다.**

이 논리는 지금까지의 필자의 주장과 완전히 대비되는 것으로 보일 수 있으나 주장이 바뀌거나 달라진 것은 아니다. 필자가 제1편에서 사용한 '필연적 유신론'에 근거하여 많은 무신론자들 역시도 유신론자일 수 있기 때문이다.

결론적으로, '신'의 정의를 어떻게 판단하느냐에 따라 유신론자일 수도 있고 무신론자일 수도 있다. 독자 역시도 마찬가지이다. 따라서 이번 장의 주제처럼 이러한 논리가 성립한다.

'유신론 동시에 무신론'

제4장

파스칼의 내기와 영원한 행복의 물약

독자는 '파스칼의 내기'라는 말을 들어 보았는가? 간단히 설명하자면 이렇다.

'이 세상에 신이 있거나 없다면, 신이 존재할 경우 신을 믿지 않는 것을 선택하는 것보다 신이 존재하지 않을 경우 신을 믿는 것이 월등히 낫다. 신이 존재함에도 신을 믿지 않으면 그 대가를 장담할 수 없기 때문이다. 반면 신이 존재하지 않음에도 신을 믿는 것은 고작 시간과 돈의 낭비만 발생할 뿐이다.'

다만, 이 '파스칼의 내기'에는 한 가지 맹점이 있는데, 바로 '신이 존재할 경우 어떤 신이 존재하는가?' 하는 점이다.

이 질문은 '세상에는 무수히 많은 종교가 있는데, 어떠한 종교가 참인가?'라는 질문으로 다시 귀결된다. 결국 파스칼의 내기에서 신을 믿는 것은 합리적인 선택이지만 그 신이 어떠한지 알 수가 없다는 점에서 그 내기에 당사자가 되는 사람으로 하여금 난제에 부딪히도록 만든다. 따라서, 인간은 스스로 파스칼의 내기에서 승리하기 위해 참일 것으로 추정되는 신을 믿을 수밖에 없다는 것이다.

어렸을 적 필자는 이 파스칼의 내기에서 승리하는 것이 인생에서의 진정한 성공이자 가장 가치 높은 것이라고 생각했던 적이 있다. 어떠한 '신'이 존재하든 간에 선한 신이든 악한 신이든 구원 즉, 사후 혹은 현생에서의 최대한의 이득을 취하는 것 또는, 장차 있을 심판이나 고난으로부터 구출됨으로써 최대한의 이득을 취하는 것을 목표로 삼았다.

언뜻 보기에 올바르고도 생존 전략을 잘 선택하는 것일 수도 있으나 현재에 이르러서 필자는 그러한 과거의 자신의 선택이 어리석기 그지없다고 판단한다. 그 이유는 다음과 같은 예시를 들어 설명해 보겠다.

여기 부작용 없이 영원한 행복만을 가져다주는 물약이 있다고 하자. 이 물약은 아무리 많이 마셔도 부작용이 없으며, 인간에게 완전한 건강을 주고 노병사(老病死)를 없애 주는 효과가 있다. 또한, 물약을 마시면 지속되는 만족감과 행복을 느끼게 된다. 아울러, 인간에게 있어 이 약물에 대해 내성이 생기거나 다시 마실 경우 효과가 떨어지는 등의 일은 절대 발생하지 않는다고 하자.

아마도 인간은 이 물약을 마시면 마시기 전보다 행복할 것이고, 계속 마시고 싶을 것이다. 이것은 일종의 마약과도 같지만 부작용이 없다.

자 이제 어떠한 초월적인 존재가 독자에게 제안을 한다. 신체가 영구적으로 묶여서 영원히 몸을 움직이지 못하는 것을 조건으로 영원히 이 물약을 공급하여 항상 마실 수 있도록 해 준다고 하자. 그리고 이 제안은 한 번 승낙하거나 거절하면 다시는 그 결과를 바꿀 수 없다. 이때 이 초월적인 존재는 절대로 거짓말할 수 없다고 가정하고, 물약을 마실 경우 배고픔, 갈증, 대소변, 신체적 불편함으로 인한 고통 등의 불편 사항 모든 것이 없어진다고 가정할 때

'독자는 이 초월적인 존재의 제안을 승낙할 것인가?'

아마도 독자는 이 제안을 승낙하지 않을 것이다. 물약을 마신 이후의 독자가 진정한 행복을 누리더라도 그것은 독자가 원하는 미래가 아니기 때문이다. 반면에, 그 제안을 승낙하여 물약을 마신 사람은 승낙하기 전으로 돌아간다고 하더라도 그 제안을 승낙할 것이라고 다짐할 것이다. 즉, 이것은 일종의 세뇌와도 같다.

필자 역시 절대로 그 초월적 존재의 제안을 승낙하지 않을 것이다. 그것은 필자가 바라는 필자에 대한 미래가 아니기 때문이다. 설령, 그 선택으로 인해 앞으로 고난과 역경과 고통을 겪는다고 하더라도 그렇다.

인간은 누구나 자신에 대해 자기가 바라는 대로 변화하고 싶어 하기 때문이다.

필자는 이것이 파스칼의 내기에 대한 핵심 맹점이자 취약점이라는 것을 깨달았다. 따라서, 필자는 자신이 진정으로 하고 싶은 것, 이루고 싶은 것, 바라는 것이 중요하며 그것이 인생에서 가장 중요한 가치임을 깨달았다. 설령 단 10년의 인생만을 살아간다고 하더라도, 영원히 살 수 있는 저 물약은 마시지 않을 것이다.

그렇기에 필자는 독자 역시도 신의 존재에 대해 그리고 자신의 존재적 생존을 위해 깊은 추론과 파스칼의 내기에 대한 필승법을 찾되, 절대 그것이 인생에서 가장 중요하고도 높은 가치가 되지 않기를 바란다.

그러므로 필자는 자신이 진정으로 바라는 것을 계속 바라볼 것이다.

그것이 인간이 할 수 있는 최상의 자유이다.

독자에게

독자는 지금까지의 필자의 글을 읽고 어떠한 추론을 해 보았는가? 정말로 '신'은 존재할 것이라고 추론했는가? 혹은 '신'은 없으며 이 세상은 그저 물리학적 허상이라고 추론했는가? 어떠한 결론을 내렸든 혹은 결론을 내리지 못하였든 독자가 이러한 질문에 대해 깊은 추론을 할 수 있었다면, 필자가 이 글을 작성한 목적은 이루었다고 말할 수 있다.

이 세상은 눈에 보이는 돈과 인간 사회에서의 성공만을 좇아다닌다. 이것은 마치 '나는 무엇인가?', '나는 어떻게 존재하는가?', '신은 실제로 존재할까?'라는 질문들에 대한 깊은 자신만의 사상을 '현실'이라는 단어로 성장하지 못하도록 가로막는다. 필자는 이것이 진정으로 안타까울 따름이다. 따라서 적어도 이 글을 읽은 독자만큼은 인생을 되돌아보면서 계속 이와 같은 깊이 있는 사고를 가지길 바란다. 그리하여 진리에 끝에 서서 부디 자신의 길을 되돌아보기를 바란다. 그곳에는 자신의 삶이 쌓은 진정한 자유가 있을 것이다.

필연적 유신론과
성경의 유일신에 대하여

초판 1쇄 발행 2025년 8월 26일

지은이 권지웅
펴낸이 이기봉
편집 좋은땅 편집팀
펴낸곳 도서출판 좋은땅
주소 서울특별시 마포구 양화로12길 26 지월드빌딩 (서교동 395-7)
전화 02)374-8616~7
팩스 02)374-8614
이메일 gworldbook@naver.com
홈페이지 www.g-world.co.kr

ISBN 979-11-388-4625-7 (03110)